はじめに

麹菌は私たち日本人の食文化に欠かすことのできないものです。醸造では「国菌」に指定され、多くの研究が進み、栄養・健康作用も広く知られるようになりました。

米麹は蒸し米に麹菌のニホンコウジカビを培養したもので、その米麹と米のみでつくる麹甘酒は、栄養や科学の知識のない、ずっとずっと昔から、実際に飲み、効果を体感することで、体調管理に役立つものとして身近にありました。

東洋医学では体内の水分代謝改善の働きがあるともいわれています。

時代を経ても廃れずにあるのは、自然な甘みをもつおいしさがあるからこそでしょう。体にすっと染みゆく滋味は、そのままいただくのはもちろん、野菜や果物を組み合わせれば軽やかにボリュームアップした一杯となり、料理にうまみを加え、お菓子をおだやかな甘みに仕上げてくれます。

本書でご紹介するレシピは簡単でつくりやすいものばかりです。懐かしい味の一杯を、新しい味の一皿を、ぜひお試しください。

石澤清美

『知識ゼロからの甘酒入門』目次

Part2

毎日の健康習慣に！

甘酒をつくって、おいしく飲もう……25

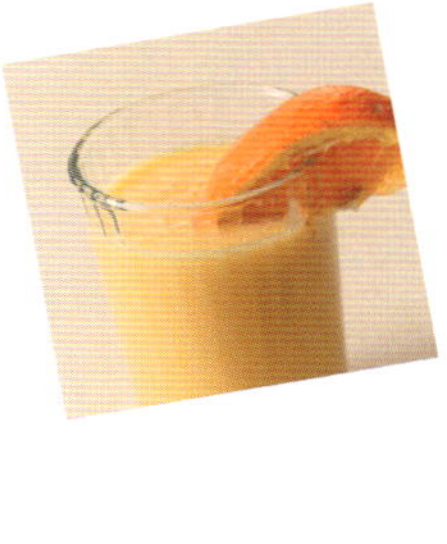

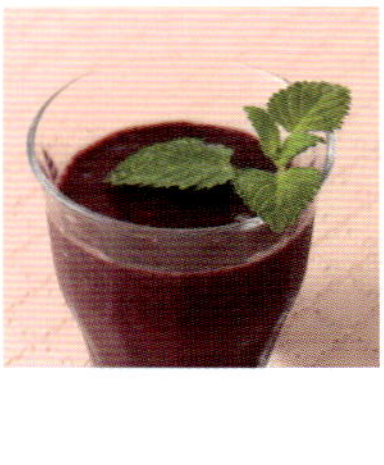

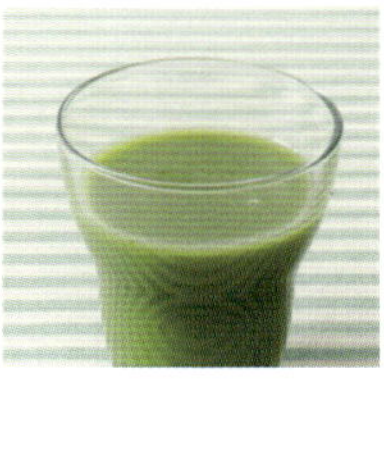

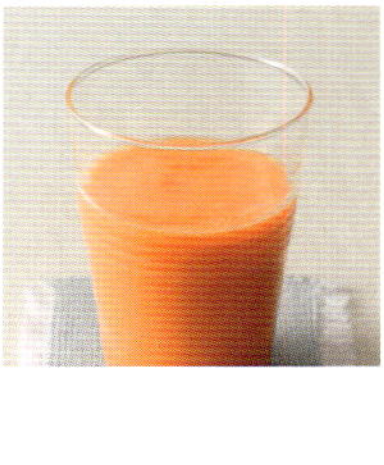

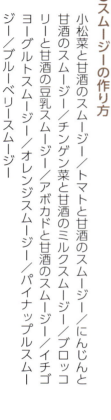

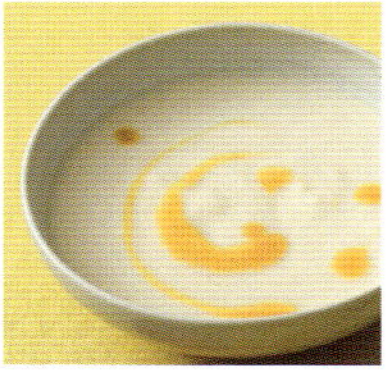

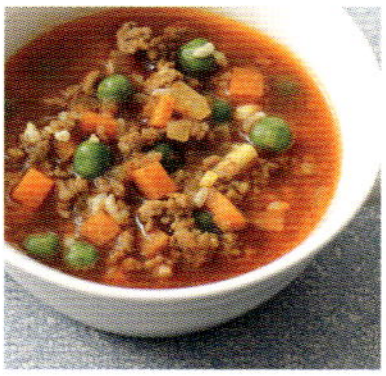

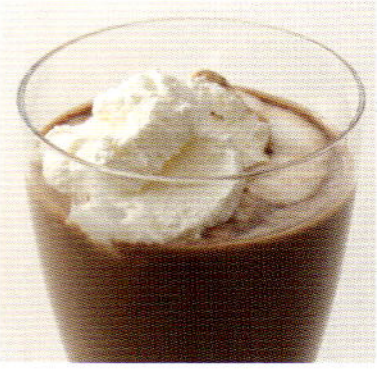

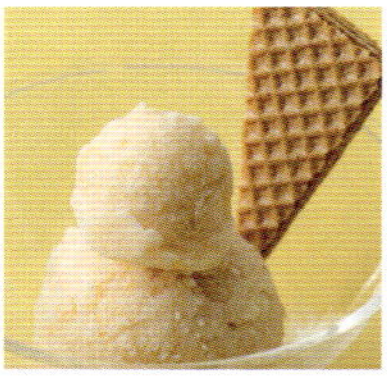

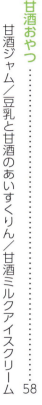

Part 4

表記について

●この本では特に区別がない限り、甘酒は麹甘酒を指します（P.8参照）。
●野菜は特に記述がなくても、「洗う」「皮をむく」「種を取る」などの下ごしらえをしてから調理してください。
●火加減は、指示がない場合は「中火」です。

Part 1

美と健康に効果あり！

甘酒の秘密を知ろう

米と麹でつくる甘酒は、麹菌の働きで美容にも健康にも優れた効果が期待できます。おいしくて、しかも元気になれる甘酒は、夏にこそ味わいたい飲料です。「飲む点滴」といわれるほど栄養価が高い甘酒のパワーの秘密を紹介します。

甘酒には２種類ある

麹甘酒は酒ではない

甘い酒と書いて甘酒。ですが、「麹《こうじ》甘酒」と「酒粕《さけかす》甘酒」の２つのタイプがあるのをご存じでしたか？「麹甘酒」の「麹」とは米麹のこと。米に菌を植えつけてつくります。これを炊いたご飯に混ぜて保温すると、菌の働きによって発酵が進み、ご飯に含まれるデンプンが分解されて甘酒ができあがります。

実は、この過程では、アルコールを発生させる化学反応がまったく起こりません。

つまり、麹甘酒は酒ではないのです。ですから、妊婦さんや小さなお子さんはもちろん、アルコールが苦手な人でも、安心して飲んだり食べたりすることができます。

体にやさしい自然な甘み

麹甘酒は今から１７００年も前、砂糖がなかった時代からつくられてきました。当然、人工甘味料も一切加えられていません。

麹甘酒の甘さの正体は、米に含まれるデンプン質が麹菌によってブドウ糖に変化したもの。米本来のおだやかな甘さで、砂糖に比べるとカロリーも低めです。

それでも気になる人は、手づくりすれば好みの甘さに調節することもできます。

麹甘酒と酒粕甘酒の作り方

・麹甘酒

お粥をつくります。 → お粥を60℃前後に冷まします。 → 乾燥米麹を加えます。 → ふきんをかけて蒸します。

・酒粕甘酒

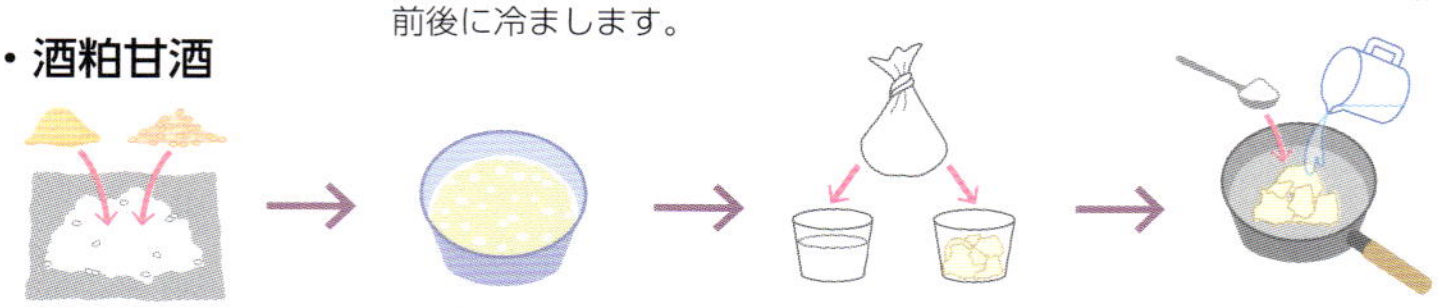

蒸し米に麹と酵母を混ぜます。 → 発酵が進んでもろみができます。 → もろみを絞ると酒と酒粕ができます。 → 酒粕に水、砂糖を加えて甘酒完成！

こんなに違う！　麹甘酒と酒粕甘酒

	麹甘酒	酒粕甘酒
原料	米・米麹。米は玄米、もち米の場合もあり	酒粕・砂糖・水。ほかに食塩、デンプン、デキストリンなど
アルコール度数	０％	１％未満
甘み	米と麹の自然な甘さ	砂糖の甘さ
食感	米のつぶつぶが残っている	とろりとした液状

アルコールが含まれているかどうかが最大の違い。食品衛生法ではどちらも「清涼飲料水」に分類される。

酒粕甘酒はアルコール分が含まれている

一方の「酒粕甘酒」は、酒粕に水や砂糖などを加えて溶きのばしたもの。酒粕があれば簡単につくれ、お正月に飲まれることが多いようです。

酒粕とは、米に麹菌と酵母菌を加えて発酵させたもろみから日本酒をしぼったあとに残る白色の固形物で、若干のアルコールを含んでいます。ですから、酒に弱い人は酔ってしまうことも。もちろん、未成年者には禁物です。

市販品を買うときは原材料表示をチェック

「麹甘酒」も「酒粕甘酒」もスーパーなどで手軽に入手できますが、パッケージを見ただけでは区別しにくいので、購入の際には原材料をチェックしましょう。麹甘酒の場合は「米」「米麹」と記載されています。もし「アルコール分1％未満」「酒粕」「砂糖（人工甘味料）」なども記載されていたら、酒粕甘酒です。

どちらが良い悪いということはありませんが、料理に使うなら、ノンアルコールで消化吸収性にも優れた「麹甘酒」が断然おすすめです。

市販品の原材料表示例

・麹甘酒

名称	あまざけ
原材料名	米・米麹
原料原産地	新潟県
賞味期限	1ヶ月
保存方法	要冷蔵（10℃以下）

・酒粕甘酒

名称	清涼飲料水（甘酒）
原材料	砂糖、米麹、酒粕、食塩、酸味料
内容量	190g
カロリー	135kcal
栄養成分	たんぱく質…1.3g 脂質…0g 炭水化物…3.19g ナトリウム…122mg

麹菌ってどんなもの？

和食を支える発酵調味料

ヘルシーで美容によい食事として欧米でも人気の和食。2012年には「和食:日本人の伝統的な食文化」としてユネスコ無形文化遺産に登録されました。

和食の特徴の1つに、発酵食品が多いことが挙げられます。漬物や納豆だけでなく、しょうゆ、味噌、みりん、日本酒、米酢といった調味料のほとんどが発酵によってつくられています。

これらの調味料をつくるのに欠かすことのできない原料が「麹」なのです。

酵素たっぷりの食べられるカビ

麹は、蒸した穀物や豆類に「コウジカビ」と呼ばれるカビを生やしたものです。麹菌（コウジカビ）は増殖するためにさまざまな酵素を放出し、食材に含まれるデンプンやタンパク質を分解します。その結果、うまみ成分であるアミノ酸などがつくり出されるので、「おいしい！」ということになるのです。

日本ならではの麹菌いろいろ

コウジカビにはたくさんの種類があり、自然界にごくふつうに存在していますが、黄麹菌（アスペルギルス・オリゼ）という種類が、日本では主に使われています。これは別名を「ニホンコウジカビ」といい、日本酒、みりん、味噌、しょうゆの製造に用いられています。2006年には日本醸造学会によって日本独自の「国菌」と認定されました。

ほかに、たまりじょうゆの製造に使われる「タマリコウジカビ」や沖縄の泡盛や焼酎に用いる「アワモリコウジカビ」などがあります。

ちなみに鰹節も、麹菌（カツオブシカビ）によってつくられる発酵食品の1つです。

原料や見た目による麹の種類いろいろ

麹甘酒に使うのは、白米を原料と

麹の分類

①原料による分類

米麹	白米。くせがなく、甘みが強い。日本酒、米味噌、みりん、酢、甘酒のもとになる。
玄米麹	玄米。甘さ控えめ。独特のコクと香りがある。
麦麹	オオムギやハダカムギなど。風味が豊か。麦味噌や焼酎づくりに使われる。
豆麹	大豆。ひよこ豆、小豆などでも可能。豆味噌の原料になる。
その他	奄美大島の蘇鉄《そてつ》麹は蘇鉄の種子が原料。伝統的な味噌づくりに使われる。

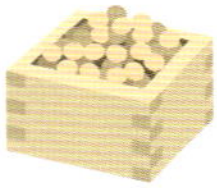

②処理法による分類

生麹
生もの。保存期間は冷蔵で3週間、冷凍で3か月ほど。

バラ麹（乾燥）
板麹をあらかじめほぐしたもの。常温で長期保存が可能。

板麹（乾燥）
常温で長期保存が可能。やさしく揉みほぐして使う。

する「米麹」です。できあがったばかりの米麹はフワフワしており、花のように見えることから「糀」と表記されることもあります。

　これをそのまま商品化したものを「生麹」、水分を飛ばして乾燥させたものを「乾燥麹」といいます。乾燥させると麹菌の活動が止まるので腐る心配がなく、長期保存に向いています。「バラ麹」と「板麹」の2種類がありますが、形状が違うだけで中身は同じです。

　生麹も乾燥麹も成分や効果に違いはありません。上記の特徴を参考に、好みのものを選びましょう。

日本人に愛されてきた麹パワー

お酒づくりに始まる日本の麹の歴史

麹菌を用いた発酵食品は古代中国で始まりました。その技術が日本に伝わったのは弥生時代とも古墳時代ともいわれます。

記録に残るもっとも古い麹の使用は、8世紀の奈良時代初期に成立した『播磨国風土記』にある酒づくりです。「乾飯が濡れてカビが生え、これで酒をつくった」とあることから、麹菌の発見は偶然によるものだったと考えられます。

やがて、カビたご飯を意味する「カムタチ」が訛《なま》って「こうじ」という言葉ができました。麹の胞子の黄味がかった緑色は高貴な色とされ、「麹塵袍《きくじんのほう》」という天皇の装束に用いられていました。

その後、室町時代には、麹菌の胞子だけを集めて粉末状にしたものが商品化されました。

江戸時代に甘酒ブームが到来

江戸時代には、冷ましたお粥に麹を加えてつくる甘酒（醴）が庶民のあいだで人気を集めます。たった一晩で簡単につくれるため「一夜酒」とも呼ばれ、天秤棒を担いだ棒手振《ぼてふ》りの行商によって、一杯6～8文（約150～200円）で売られていました。

甘酒を飲ませる茶店もありました。浅草の東本願寺門前には、三河屋、

江戸時代の甘酒売り

甘酒の歴史は古く、特に愛されたのは江戸時代。白酒（甘酒）売りが錦絵にも描かれるなど、人気のほどが窺える（右『雙筆五十三次　はら　柏原立バ　富士の白酒』、左『東海道名所風景　東海道　原』／ともに沼津市商工会、望月宏充氏提供）。

伊勢屋、大坂屋という有名店があり、神田明神門前の三河屋、天野屋は現在も営業しています。

甘酒は夏に飲むスタミナ飲料だった

甘酒といえば、今では冬の飲み物というイメージがありますが、当時、甘酒がもっともよく売れたのは夏でした。

現在のように医療が発達しておらず、夏バテで死ぬこともあった時代です。江戸時代の甘酒は、今でいう栄養ドリンクやエナジードリンクのように飲まれていたのです。麹でつくった甘酒が健康にいいことを、当時の人々は経験的に知っていたのでしょう。

江戸や京都、大坂では、甘酒売りの呼び声が夏の風物詩となっていました。俳句で甘酒が夏の季語とされているのはその名残です。

世界も注目する甘酒の健康効果

近年、甘酒のすばらしさが改めて見直されています。さまざまな商品が開発され、四季を通じて店頭に並ぶようになりました。麹菌のゲノム解析など、学術的な研究も進んでいます。

その結果、疲労回復、ダイエット、病気の予防や整腸作用など、麹甘酒のさまざまな効果が科学的に裏づけられています。

こうしたことから、「ジャパニーズ・ヨーグルト」と呼ばれて、海外でも話題になりつつあるようです。

麹菌の発見

・お供え物や食べ残しのご飯

ご飯を常温で放置すると、カビが生えます。このカビの正体が麹菌なのです。

・カビ（麹菌）と酵母

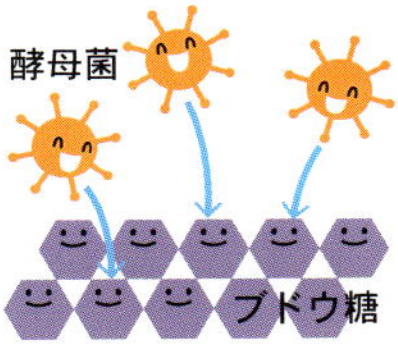

麹菌の酵素がつくったブドウ糖をめがけて、空気中の酵母菌が集まってきます。

・アルコール発酵

酵母菌によってブドウ糖が二酸化炭素とアルコールに分解され、酒ができあがります。

夏バテや疲労回復に効果抜群

夏バテの原因は自律神経の乱れ

消化不良や食欲不振、体のだるさといった夏バテの諸症状は、高温多湿な環境やエアコンによる急激な温度変化がストレスとなり、それが原因で自律神経がうまく働かなくなることで起こります。

自律神経を回復させるいちばんの方法はリラックスすることですが、そこで活躍するのがＧＡＢＡというアミノ酸。ＧＡＢＡは麹甘酒に含まれるアミノ酸の1つで、自律神経に作用し、緊張を緩和する働きがあります。麹ならではのおだやかな甘さも、暑さでイライラした気分をほっこり落ち着かせてくれます。

また、麹菌には同時に摂取した栄養の消化吸収を助ける働きがあるので、夏バテで弱った胃腸をやさしくサポートします。

疲労回復に役立つ即効性のブドウ糖

麹甘酒には、30種類以上もの成分が含まれています。その多くが何らかの形で疲労回復につながりますが、なかでも特に注目されるのがブドウ糖です。

ブドウ糖は炭水化物の最小単位である単糖類の1つで、グルコースとも呼ばれます。分子が非常に小さいため体内に素早く吸収され、たちまちエネルギーに変換されます。

ですから、体が疲れて甘いものが

麹甘酒の疲労軽減効果

・男子

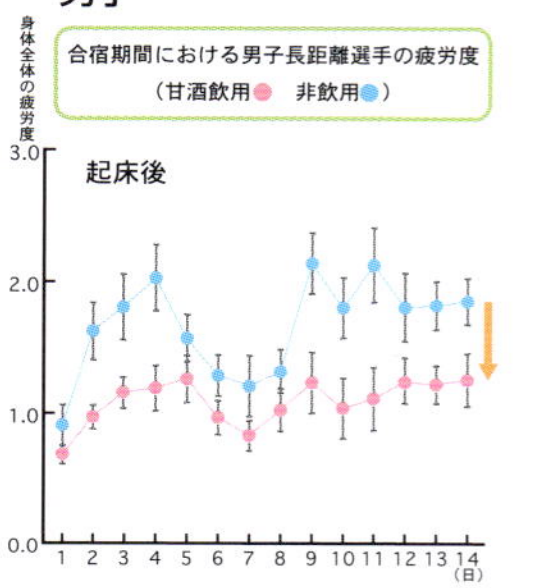

・女子

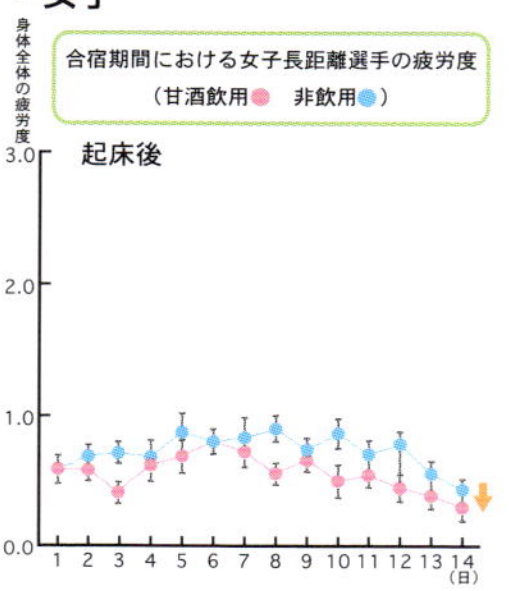

大学の陸上部に所属する男女20名を2組に分け、一方には麹甘酒を毎日2回、14日間続けて飲用してもらいました。起床後と練習後に疲労度を調べた結果、麹甘酒を飲んだグループは飲まないグループに比べて疲労度が低いことが判明しました。

出典：八海醸造株式会社と東京農業大学の共同研究より

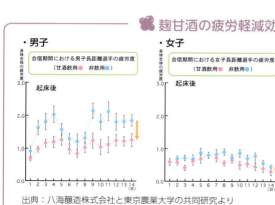

欲しくなったら、麹甘酒を少し飲むことですぐに元気を回復することが期待できるのです。

疲れを吹き飛ばすビタミンB群

元気な体に欠かせないビタミンB群がたくさん含まれていることも、麹甘酒の特徴の1つです。「疲労回復のビタミン」と呼ばれるビタミンB_1をはじめ、筋肉や皮膚・髪の毛・爪などを健やかに保つビタミンB_2、皮膚・粘膜の再生や免疫機能に必要なビタミンB_6、500種類もの酵素を補助するナイアシンなどがあります。

ビタミンB群のおもな働きは、糖質、脂質、タンパク質を代謝して、エネルギーに変えること。サプリメントなど単独で摂取するよりも、多くの種類を一緒に摂取したほうが高い効果を得られます。その点、麹甘酒はまさに理想的といえるでしょう。

女性に多い貧血や妊婦さんにも効果的

また、麹甘酒の原料となる米麹には、鉄分の働きを促進するモリブデンが特に多く含まれているので、貧血に悩む女性の強い味方になってくれます。また、赤血球の形成や胎児の発育に欠かせない葉酸も多く含まれているので、妊婦さんにも摂取してもらいたい食品の1つです。

麹甘酒に含まれる必須アミノ酸

	効能
トリプトファン	セロトニンを合成。不足すると自律神経失調症、不眠症などの原因になります。
リジン	代謝アップ、疲労回復に効果を発揮します。不足すると肝機能や免疫力が低下します。
メチオニン	花粉症などのアレルギーを緩和。うつ病や薄毛・抜け毛にも効果があります。
フェニルアラニン	活力源のドーパミンとノルアドレナリンに変化します。痛み止めにも使われています。
スレオニン	コラーゲンを生成するほか、肝臓に脂肪がつくのを防ぎ、体の成長を促進します。
バリン	筋肉をつくるので、スポーツをする人には必須のアミノ酸。肝硬変の改善、美肌効果も。
ロイシン	バリン同様、筋肉の成長に必要です。脂肪を分解する働きがあるのが特徴。
イソロイシン	バリン、ロイシンと合わせてBCAAと呼ばれ、筋肉の成長や糖尿病予防に役立ちます。
ヒスチジン	子どもの発育に必要。筋力や集中力を増強し、食欲抑制の効果でも知られます。

腸内環境を整え、便秘を予防・解消

今や国民病
意外に多い便秘症

日本人は欧米人に比べて便秘になりやすいといわれます。平成28（2016）年の厚生労働省「国民生活基礎調査」によると、便秘の人は人口1、000人あたり男性が約25%、女性が約46%となっています。実際には、女性の半数近くが便秘に悩んでいるともいわれます。

便秘の元凶は
腸内環境の悪化

また、同年にNPO法人「日本トイレ研究所」がおこなった調査では、小学生の5人にひとりが便秘状態であることが指摘されました。

ヒトの腸内には、数百種類の細菌が600兆~1、000兆個も生息しており、種類ごとに集まって腸壁に棲《す》みついています。その様子が植物群生（英：flora）のように見えることから「腸内フローラ」と呼ばれています。

これらの細菌は「善玉菌」「悪玉菌」「日和見《ひよりみ》菌」の3つに分類され、それぞれが抑制しあってちょうどよいバランスを保っています。

しかし、食生活の乱れなどで善玉菌が不足すると、〝優勢なほうに味方する〟という特徴を持つ日和見菌が悪玉菌に加勢するため、バランスが崩れ、体調が悪くなってしまったりすることがあります。

つまり便秘や下痢は「善玉菌が足

腸内環境って、どうなっているの？

・善玉菌
麹菌、乳酸菌、ビフィズス菌など。「プロバイオティクス」とも呼ばれます。

・悪玉菌
大腸菌、ウェルシュ菌、ブドウ球菌など。腸内で有害物質をつくり出します。

・日和見菌
もともと無害ですが、善玉菌・悪玉菌のどちらか多いほうに同調します。

理想的な腸内フローラ

腸内には数百種類の細菌が花畑（フローラ）のように集まって暮らしており、そのバランスが崩れると体調不良の原因に。善玉菌2：悪玉菌1：日和見菌7が理想とされています。

りないよ！」という腸からの合図なのです。

善玉菌を増やして腸内環境を改善

麹甘酒に含まれる麹菌は善玉菌の一種です。

腸まで生きて届くことはありませんが、乳酸菌やビフィズス菌など別の善玉菌のエサになることで間接的に役立っています。

麹甘酒を飲めば毎朝スッキリ！

そのほか便秘改善に有効な成分として、柔らかい便をつくる食物繊維、便に水分を与えて排便を促すマグネシウムが挙げられます。

便秘にお悩みの方はぜひ、麹甘酒を毎日の食生活に取り入れてみてください。

腸内環境セルフチェック

- ☑ 便秘や下痢をよくする
- ☑ 便が硬い、または黒っぽい
- ☑ 排便に時間がかかる
- ☑ 排便後のスッキリ感がない
- ☑ 人からおならが臭いといわれる
- ☑ 肌荒れ、吹き出物が多い
- ☑ 顔色が悪く、老けて見られる
- ☑ 体が重く、だるく感じる
- ☑ 肩こり、頭痛がひどい
- ☑ イライラすることが多い

↓

３個以上当てはまったら……

↓

麹甘酒で改善！

世界初！　甘酒でお通じ改善を実証

2018年３月、金沢工業大学と企業の共同研究により「甘酒にコレステロール低減と便通改善効果が高い成分（プロラミン）が含まれている」ことが世界で初めて実証されました。

プロラミンは米に含まれる難消化性タンパク質の一種。研究チームが市販の甘酒14種類を対象にプロラミン含有量の違いを測定したところ、米麹と米のみを原料とする甘酒のプロラミン含有量がもっとも多いことが判明しました。１日コップ１杯で充分なプロラミン量が摂取できると考えられています。

ダイエットや美容にも効果的

甘くても太りにくい

甘酒は読んで字のごとく甘いので、糖質量が多いと思われるかもしれませんが、ほかの清涼飲料水と比較してことさら糖質が多いとは言い切れません。もし、1日に3本以上缶コーヒーを飲めば、甘酒1杯の糖質量を軽く超える可能性があります。

飲料に含まれる糖質量（*）
（100g 中の炭水化物量）

甘酒	18.3mg
粉末ミルクココア	80.4mg
茶葉状紅茶	51.7mg
茶葉状緑茶（玉露）	43.9mg
コーラ	11.4mg
サイダー	10.2mg
缶コーヒー（乳成分入り、加糖）	8.2mg
スポーツドリンク	5.1mg

出典：文部科学省「日本食品標準成分表2015年版（七訂）」

さらに、麹甘酒に含まれるビタミンB群や麹の酵素α-エチルグリコシドには、基礎代謝を高めて体重増加を抑制する働きがあります。たとえ糖質量が多くても、炭酸飲料よりは甘酒を飲むほうが健康的にやせることができるでしょう。

マウスに麹甘酒を与える実験では、脂肪たっぷりのエサを食べてもお腹に脂肪がつきにくく、体重増加も少ないことが実証されています（月桂冠総合研究所）。

＊糖質量とは炭水化物量から食物繊維量を差し引いたもの。

ビオチンの働きでお肌も髪も美しく

甘酒ダイエットなら、油抜きなど

麹甘酒の美肌データ

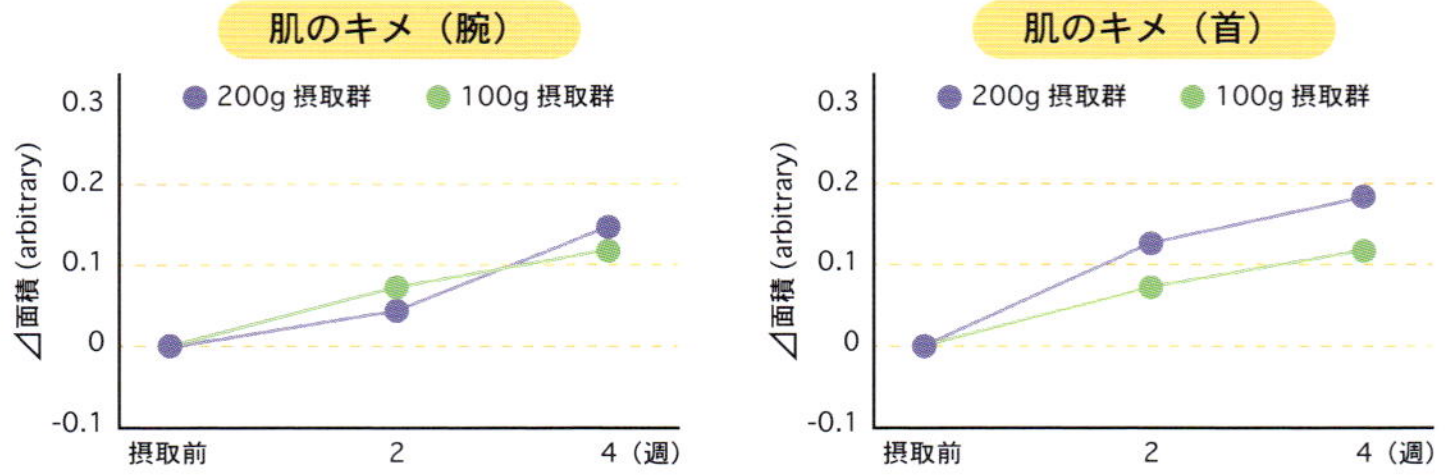

出典：月桂冠総合研究所と神戸女学院大学との共同研究より

麹甘酒を４週間続けて飲んだところ、肌のキメが整う効果がみられました。
また、飲む量が多いほうが肌の水分量が高くなっています。

の方法と違って、お肌がガサガサになる心配もありません。麹菌に含まれるビオチンが皮膚細胞の新陳代謝を促してくれるので、皮脂と水分のバランスが整い、美しい素肌を保つことができます。

ビオチンはかつて「ビタミンH」と呼ばれていました。Hは髪の毛をあらわすドイツ語（Haare）の頭文字です。髪の毛の主成分であるケラチンの合成を助け、髪の毛をしっとりツヤツヤにしてくれます。

細胞レベルで老化を防ぐ

麹菌には、強い抗酸化作用をもつといわれるコウジ酸やフェルラ酸も含まれています。

コウジ酸はシミやそばかすの原因となるメラニンの生成を抑え、くすみの原因といわれる糖化（＊）を抑制します。フェルラ酸は、細胞を傷つける活性酸素を除去してシミ、シワの予防に役立ちます。

単独で飲むだけでなく、アンチエイジング効果の高い野菜や果物と組み合わせられるのも、麹甘酒のいいところです。ジュースやスムージー、ポタージュなどさまざまなメニューに野菜や果物を取り入れ、おいしく味わいながら若返りましょう！

＊糖化＝タンパク質と糖が結びつき、老化物質を生成すること

麹甘酒のアンチエイジング成分

ビオチン	ビタミンHとも。髪の毛・頭皮を健康に保ち、白髪の増加を抑える効果がある
コウジ酸	メラニン色素をつくり出すメラノサイトの活動を抑制。シミ、そばかすを防止する働きをもつ
フェルラ酸	紫外線を吸収、日焼けを防止。強力な抗酸化作用をもつファイトケミカルの1つ

麹甘酒＋野菜でアンチエイジング！

●トマト
赤い色素に含まれるリコピンという成分がシミ、シワ、そばかす防止に威力を発揮。

●アボカド
シミを防ぐビタミンEが豊富。細胞膜にとどまり、活性酸素の発生を防ぎます。

●にんじん
β-カロチンが体内でビタミンAに変換され、肌や粘膜を守ります。目の健康にも。

免疫力をアップして、病気知らず

病気から体を守る自己防衛システム

ヒトの体には、外から入ってきたウイルスなどの病原体を捕食・攻撃・破壊する「免疫」が備わっています。

免疫力が低下すると、風邪をひきやすい、ケガの回復に時間がかかるなどの症状があらわれます。通常なら数日で治るような病気でも、悪化してしまう可能性が高まります。

免疫細胞は腸の中にいる

免疫細胞の約7割が腸内に待機し、病原体との戦いに備えています。ですから、麹甘酒で腸内環境を整えることが免疫力アップにつながります。

玄米、ヨーグルト、しょうが、にんにくなど免疫力を高める食材と一緒に食べれば、なお効果的です。

リラックス効果で高血圧を予防

麹甘酒に含まれるビタミンB_6やGABA、パントテン酸には心身の緊張を緩和する働きがあります。リラックス状態では血管が拡張され、血流がよくなって血圧も下がりやすくなります。

高血圧対策の減塩料理は味気ないものですが、料理に麹甘酒を加えることでうまみが増し、おいしく食べることができます。塩分を排出するカリウムを含んだ夏野菜や海藻と合わせるのもおすすめです。

甘酒にしょうがを足して免疫力をアップ

しょうがを食べると体がポカポカするのは今や常識。体を温めると免疫力が上がります。(作り方は P.32 を参照)

味噌汁に甘酒を足して減塩

減塩のために味噌を減らしても、甘酒のコクがおいしさをキープ。(作り方は P.52 を参照)

糖尿病予防にはジュースより甘酒

麹甘酒の糖質は自然由来のものです。とりすぎは禁物ですが、人工甘味料たっぷりの清涼飲料水よりは糖尿病になりにくいといえます。

認知症やがんの予防にも期待

腸内バランスが崩れて悪玉菌が優勢になると、有毒物質が放出されて、多くの病気の遠因となります。

腸内環境の悪化が原因と思われる病気の1つに、アルツハイマー型認知症があります。増えすぎた悪玉菌によって、ビタミンB群・鉄分・トリプトファンなど、脳の神経伝達物質の合成に必要な養分の吸収が妨げられると考えられているためです。

がんによる死亡数の上位に挙がる大腸がん・肝臓がん・乳がんもまた腸内環境と密接に関わっています。

ウェルシュ菌などの悪玉菌が優勢になると、腸内の食べ物を腐敗させ、発がん性物質をつくり出します。

健康体であれば免疫機能が働いて発がん性物質を攻撃することができますが、腸内環境が悪化していると、免疫力が低下してしまいます。このような悪循環により、がん発症の危険性がますます高まってしまうのです。

以上のような理由から、麹甘酒の優れた整腸効果に大きな期待が寄せられています。すでにいくつかの実例が報告されており、さらなる研究が進められているところです。

甘酒の健忘症抑制効果

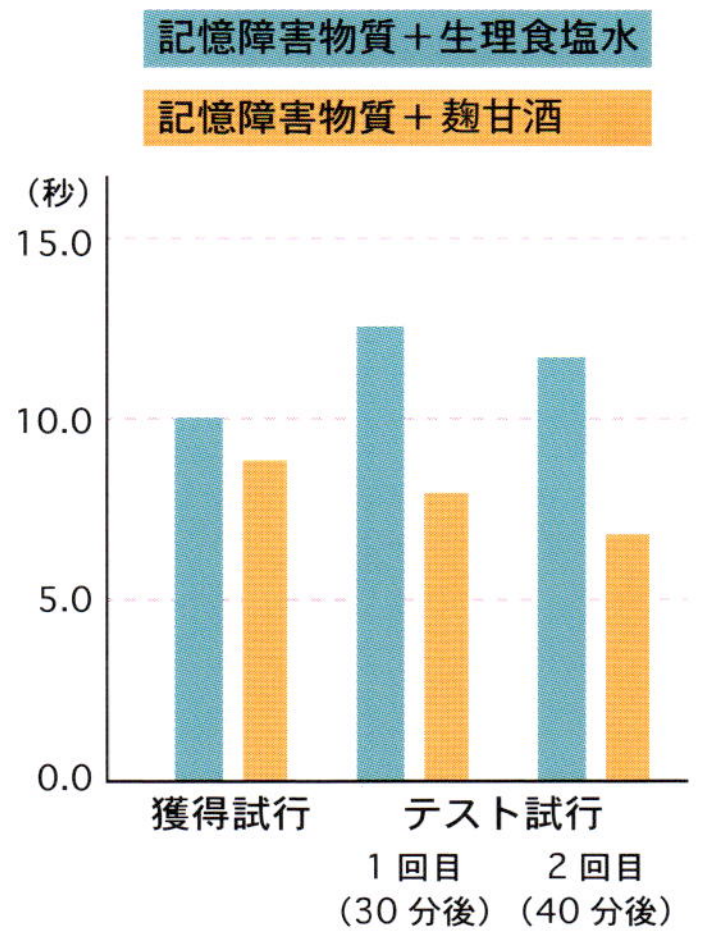

出典：月桂冠総合研究所

実験用マウスに迷路を覚えさせ、Aグループには「記憶障害物質＋生理食塩水」、Bグループには「記憶障害物質＋麹甘酒」を飲ませて迷路に戻します。その結果、甘酒を与えられたグループのほうが、ゴールにたどり着く時間が短いことがわかりました。

飲むだけでなく、料理にも使える

甘酒を飲むのが苦手な人は……？

米と米麹でつくった麹甘酒は、とろみが強くもったりとしています。ゴクゴク飲み干す感じではないので「甘酒は飲みにくくて苦手」という人も少なくないでしょう。

そのまま飲むのが難しいなら、炭酸水などで割ったり、しょうがやレモンをしぼると飲みやすくなります。

麹菌独特の米ぬかのような匂いが気になる場合は冷たくすれば飲みやすくなりますが、無理に飲まなくても大丈夫。麹甘酒は〝食べる〟ことができるのです！　しかも、直接飲むよりくせがないばかりか、食材をさらにおいしくしてくれます。

砂糖やみりんを麹甘酒にチェンジ

ブドウ糖やオリゴ糖が豊富な麹甘酒は、調味料として砂糖やみりん代わりに使うのがおすすめ。麹甘酒の甘みは砂糖やみりんよりソフトなので、いつもの煮物や照り焼きが、よりやさしい味わいに仕上がります。

また、精製された上白糖に比べて血糖値の上昇がおだやかです。さらに、大さじ1杯の上白糖と麹甘酒の熱量を比較すると麹甘酒のほうがカロリーが低く、ダイエットにも効果的です。

もちろん、お菓子づくりにも最適。和菓子・洋菓子どちらにも違和感なく合わせることができます。

甘酒に漬け込むと魚介特有の臭みが取れます。味噌やしょうゆと混ぜても。（作り方は P.92 参照）

パサつきがちな鶏胸肉も、酵素の力でしっとり。高級肉に変身します。（作り方は P.82 参照）

麹菌の働きで肉が柔らかくなる

ヨーグルトやパイナップル果汁に肉を漬け込むと柔らかくなることはよく知られていますが、麹甘酒でも同じ効果が得られます。

その理由は、麹菌が生み出す酵素プロテアーゼが、肉や魚に含まれるタンパク質をペプチドとアミノ酸に分解してくれるから。しょうゆや味噌など他の調味料と麹甘酒を合わせた漬けだれになじませておけば、調理の際に加熱しても硬くなりません。

ちなみに、調味料として使った場合、麹菌に特有の匂いはほとんど消えてなくなります。

うまみ成分が素材の味を引き出す

プロテアーゼがつくり出すアミノ酸には、グルタミン酸やイノシン酸などが含まれています。これらは「うまみ成分」と呼ばれるもので、素材本来のおいしさをさらに引き立てる効果があります。下ごしらえだけでなく、仕上げの段階で加えたり、かけだれとしても重宝します。

サイドディッシュや汁物にも使える

ソース類や味噌汁、スープに加えてコクを出したり、野菜の漬け床としても使えます。甘酒の漬け床なら、日持ちのしない葉野菜などもおいしく保存できます。

まろやかな味わいの麹甘酒は、しょうゆや味噌、オリーブ油やごま油、酢、カレー粉との相性も抜群で、料理の種類も選びません。あらゆる可能性を秘めた〝万能調味料〟なのです。

上白糖の代わりに。ダイエット中でも罪悪感なく食べられます。（作り方は P.60 参照）

食材の酸味を和らげる甘酒は、トマト料理との相性が抜群です。（作り方は P.79 参照）

甘酒
甘酒

市販の甘酒、どう選ぶ？

最近では甘酒の魅力が広く知られるようになり、実にさまざまな種類の商品が販売されています。どれを買えばいいのか迷ったときは、商品のパッケージをチェックします。次の点に気をつけると、購入の目安になります。甘酒ならではの恵みを最大限に活用するためにも、市販品を買うときはなるべく手づくりに近いものを選びましょう。

米麹と米

原材料として「米、米麹」のみ書かれているのが理想です。白米ではなく玄米や雑穀、もち米でつくった甘酒もあります。お好みでどうぞ。

酒粕

原材料に「酒粕」または「酒粕、米麹」とあるものは、微量のアルコールを含有しています。体質や年齢を考慮して買うようにしましょう。

甘味料

市販品の多くに砂糖、黒みつ、アスパルテームなどの甘味料が使われています。食塩を加えたものもあるので、料理に使うときは注意が必要です。

添加物

酸味料、酸化防止剤、加工デンプン、安定剤（増粘多糖類）などの食品添加物もよく使われています。健康面を重視するなら、無添加のものを。

加熱殺菌

商品の安全性を保つためには仕方ないことですが、市販されている甘酒のほとんどは加熱殺菌されており、せっかくの麹菌が死滅しています。

賞味期限

開封後は賞味期限にかかわらず早めに使い切りましょう。1週間以上保存したい場合は、小分けにして冷凍庫で保存できます。3か月ほどもちます。

風味など

しょうが風味、レモン風味、食物繊維入りなどがありますが、料理の味が変わってしまうので、調味料としてはおすすめできません。

甘酒の魅力を
フルに活用するには、
やはり手づくりが
いちばんです！

Part2

毎日の健康習慣に！

甘酒をつくって、おいしく飲もう

ではさっそく、甘酒をつくってみましょう！

鍋1つ、あるいは炊飯器で簡単につくれるうえ、10日ほど保存も利きます。飲み方のバリエーションも豊富で工夫が利き、飽きずに毎日飲めます。

甘酒の作り方

甘酒は鍋1つで手づくりすることができます。
お粥をつくって、米麹を混ぜ、保温するだけと、手順も簡単！
割って飲んだり、料理にも使えます。

1 米をといで鍋に入れ、水3カップを加えて、30～60分ひたしておく。

2 鍋を中火にかける。米粒が鍋底にはりつかないようにへらで混ぜる。

3 沸騰したら弱火にし、フタをして15分ほど煮る。吹きこぼれないように気をつける。

4 弱火で煮ている間に板麹をばらばらにほぐす。袋に入れて、指でつぶすようにするとよい。

5 お粥が炊き上がったら火を止め、すぐに水1カップを加える。

6 へらで全体を1分ほどよく混ぜ、温度を下げる。湯気が少しおさまる程度が目安。

用意するもの

材料（つくりやすい分量）
米…1カップ
米麹（乾燥板麹）…200g
水…4カップ

鍋は直径20～22cm（容量が1.5ℓ程度のもの）程度で、フタがきちんとしまるものを。あれば、保温性の高い厚手の鍋や土鍋がおすすめ。

MEMO

ここでは乾燥板麹を使いましたが、生麹でもバラ麹でもつくることができます（それぞれの麹の特徴はP.11参照）。お粥に混ぜるときは、生麹はほぐし、バラ麹はそのままで。

7 お粥に麹を加える。

8 お粥全体に麹が行き渡るように、全体をよく混ぜる。

9 写真のような状態になるまで、混ぜる。

10 鍋にフタをして、バスタオル２枚でくるみ、４～10時間、そのままにしておく。

できあがり

11 全体が水分を含み、どろっとした感じになる。味見をして、甘みがあれば完成。甘みが足りないと感じたら、炊飯器に移し、保温して甘みが増すのを待つ。

保存の仕方

冷蔵庫で

粗熱をとり、清潔な保存容器に移して、冷蔵庫で保存。保存期間は10日が目安。

冷凍庫で

長く保存するときは冷凍庫で。保存袋に入れ、空気を抜いて、閉じ口を上に。

炊飯器でも

炊飯器でお粥を炊き、麹を加えてもよい。麹を入れて混ぜたあと、フタを開けて濡れ布巾をかけて保温。

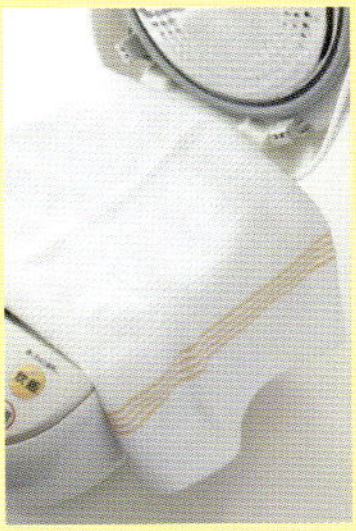

ときどき混ぜ、４～６時間、そのままにしておく。

なめらかにしたいなら

できあがった甘酒はお粥や麹の粒が残っている。

粒の舌触りが気になる場合は、ブレンダーなどでなめらかにしてから保存してもよい。

なめらかな状態。ブレンダーがなければ、ミキサーにかけてから清潔な保存容器に移す。

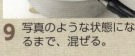

甘酒の基本の飲み方

手づくりの甘酒は水だけでなく、さまざまな飲み物で割って飲むことができます。いろいろ試して、好みの味を見つけてみて。

割合の基本は1:1

甘酒と好みのドリンクを1：1で混ぜるのが飲みやすい割合です。まずは、この割合で試してみてください。甘すぎると感じたら1：1～2を目安に加減しましょう。

甘酒は冷たいままでも、温かくしてもおいしくいただけます。冷え性の方や、冷房での冷えが気になる人は、真夏でも温めて飲むのがおすすめです。鍋で温めても、電子レンジを使ってもOKです。

麹の粒が気になる場合はハンドブレンダーなどでペースト状にします。ペースト状にすると甘みを強く感じるので、加える水分をやや多めにしたほうが飲みやすくなります。

シンプル甘酒

材料（1杯分）

甘酒…100mℓ
水…100mℓ

作り方

1 甘酒をグラスに入れ、水を加える。
2 よく混ぜてからいただく。

豆乳（牛乳）甘酒

材料（1杯分）

甘酒…100mℓ
豆乳または牛乳…100mℓ

作り方

1 甘酒をグラスに入れ、豆乳または牛乳を加える。
2 よく混ぜてからいただく。

ヨーグルト甘酒

材料（１杯分）

甘酒…100mℓ

飲むタイプのヨーグルト…100mℓ

作り方

1 甘酒をグラスに入れ、好みのヨーグルトを加える。

2 よく混ぜてからいただく。

アレンジ！

飲むタイプのヨーグルトの代わりに、プレーンヨーグルトと水 50mℓでも OK です。

野菜ジュース甘酒

材料（１杯分）

甘酒…100mℓ

好みの野菜ジュース…100mℓ

作り方

1 甘酒をグラスに入れ、好みの野菜ジュースを加える。

2 よく混ぜてからいただく。

アレンジ！

青汁など、くせのあるものもおいしくなります。

甘酒をさっぱり飲む

甘酒は炭酸で割ると、さっぱりとして飲みやすくなります。甘酒も炭酸水もよく冷やして、暑さを吹き飛ばしましょう。

甘酒レモンスカッシュ

材料（1杯分）

甘酒…100mℓ

レモン果汁…大さじ1

炭酸水…100mℓ

あればレモンの輪切り…1枚

作り方

1 甘酒とレモン果汁をグラスに入れて混ぜ、氷を入れ、炭酸水を注ぐ。

2 軽く混ぜて、あればレモンの輪切りをあしらう。

甘酒ジンジャーエール

材料（1杯分）

甘酒…100mℓ

しょうがのしぼり汁…小さじ1

炭酸水…100mℓ

好みでチャービル…適量

作り方

1 甘酒としょうがのしぼり汁をグラスに入れて混ぜ、氷を入れ、炭酸水を注ぐ。

2 軽く混ぜて、好みでチャービルをあしらう。

甘酒ビネガースカッシュ

材料（１杯分）
甘酒…100㎖
リンゴ酢…大さじ１
炭酸水…100㎖
あればミントの葉…適量

作り方

1 甘酒とリンゴ酢をグラスに入れて混ぜ、氷を入れ、炭酸水を注ぐ。
2 軽く混ぜて、あればミントの葉を浮かべる。

アレンジ！

リンゴ酢だけでなく、バルサミコ酢や黒酢でもおいしくいただけます。

甘酒ヨーグルトスカッシュ

材料（１杯分）
甘酒…80㎖
プレーンヨーグルト…50g
炭酸水…100㎖

作り方

甘酒とヨーグルトをグラスに入れて混ぜ、氷を入れ、炭酸水を注ぐ。軽く混ぜてからいただく。

市販の甘酒にプラス

ドリンクタイプとして薄められた甘酒が市販されています。そのまま飲むだけでなく、一品プラスして好みの味に。

マーマレード甘酒

材料（1杯分）
ドリンクタイプの甘酒…150mℓ
オレンジマーマレード…小さじ1

作り方
グラスにマーマレードを入れ、ドリンクタイプの甘酒を注ぐ。よく混ぜてからいただく。

アレンジ！

甘くしたくなければ、マーマレードの代わりにレモンや柚子の果汁、つぶしたみかんなどを加えてください。

しょうが甘酒

材料（1杯分）
ドリンクタイプの甘酒…150mℓ
おろししょうが…小さじ1/4

作り方
グラスにしょうがを入れ、ドリンクタイプの甘酒を注ぐ。よく混ぜてからいただく。

レシピのポイント

しょうがには血行をよくする成分が含まれています。手足が冷たいと感じたときには、温めて飲むのがおすすめです。鍋で温めるか、耐熱のカップに入れて電子レンジで加熱します。

きな粉甘酒

材料（1杯分）

ドリンクタイプの甘酒…150mℓ
きな粉…10g

作り方

1 グラスにきな粉を入れ、甘酒を少し加えて溶きのばす。
2 残りの甘酒を注ぎ、よく混ぜてからいただく。

レシピのポイント

きな粉甘酒やグリーンティー甘酒のように、粉末状のものをプラスするときには、一度に甘酒を注ぐとだまになってしまいます。少量の甘酒を加えて溶きのばしてから残りの甘酒を入れると、きれいに混ぜることができます。

グリーンティー甘酒

材料（1杯分）

ドリンクタイプの甘酒…150mℓ
粉末タイプのグリーンティー…10g

作り方

1 グラスにグリーンティーを入れ、甘酒を少し加えて溶きのばす。
2 残りの甘酒を注ぎ、よく混ぜてからいただく。

アレンジ！

水に溶けるタイプの粉茶や粉末ほうじ茶でもおいしくつくれます。

甘酒に野菜や果物をプラスして、スムージーをつくります。
野菜か果物を一品入れるだけなので、簡単！

スムージーの作り方

葉野菜は、繊維がミキサーの刃にからまないように小さく切ります。その他の野菜や果物は、もう少し大きく切ってもＯＫです。

1 素材を切る。小松菜やチンゲン菜などの葉物は１～２㎝幅に細かく刻む。

2 ミキサーに甘酒を入れ、切った素材を加える。

3 水分などを加えて、しっかりとフタをしてから撹《かく》拌《はん》する。

4 素材の様子を見ながら、なめらかになるまで撹拌する。

MEMO

スムージーは市販のドリンクタイプの甘酒を使ってつくることもできます。市販のものは水分が多いので、レシピにある材料のうち、水などは省きましょう。手づくり甘酒を使ったほうがとろりとした仕上がりになります。

小松菜と甘酒のスムージー

材料（１杯分）
甘酒…100mℓ
小松菜…80g
水…50mℓ

作り方
1. 小松菜は１～２㎝幅に細かく刻む。
2. ミキサーに甘酒、1、水を入れて、なめらかになるまで撹拌する。

トマトと甘酒のスムージー

材料（１杯分）
甘酒…100mℓ
トマト…中１個（150g）

作り方
1. トマトはへたをとって皮ごとざく切りにする。
2. ミキサーに甘酒、1を入れてなめらかになるまで撹拌する。

チンゲン菜と甘酒の
ミルクスムージー

材料（１杯分）

甘酒…100㎖

チンゲン菜…小1株（80g）

牛乳…大さじ２

あればレモン果汁…小さじ1/2

作り方

1. チンゲン菜は１～２㎝幅に細かく刻む。
2. ミキサーに甘酒、1、牛乳、あればレモン果汁を入れて、なめらかになるまで撹拌する。

レシピのポイント

レモン果汁を入れると野菜の青臭さがやわらぎ、飲みやすくなります。レモン果汁はお手元になければ、加えなくても構いません。

にんじんと
甘酒のスムージー

材料（１杯分）

甘酒…100㎖

にんじん…80g

水…50㎖

あればレモン果汁…小さじ1/2

作り方

1. にんじんは皮ごと5㎜厚さのイチョウ切りにする。
2. ミキサーに甘酒、1、水、あればレモン果汁を入れてなめらかになるまで撹拌する。

レシピのポイント

スムージーにするときは、にんじんの皮をむかなくても大丈夫。よく撹拌するので舌触りもよく、にんじんの栄養素も逃しません。

アボカドと甘酒のスムージー

材料（1杯分）

甘酒…100mℓ

アボカド…1/2個（60g）

水…60mℓ

あればレモン果汁…小さじ1/2

作り方

1 アボカドは皮をむいて種をのぞき、ざく切りにする。

2 ミキサーに甘酒、1、水、あればレモン果汁を入れて、なめらかになるまで撹拌する。

レシピのポイント

レモン果汁を入れるとアボカドのくせがやわらぎ、飲みやすくなります。お手元になければ加えなくても構いません。

ブロッコリーと甘酒の豆乳スムージー

材料（1杯分）

甘酒…100mℓ

ブロッコリー…80g

豆乳…50mℓ

作り方

1 ブロッコリーは生のまま、細かく刻む。

2 ミキサーに甘酒、1、豆乳を入れてなめらかになるまで撹拌する。

アレンジ！

豆乳の代わりに牛乳や水でもおいしくできます。

オレンジスムージー

材料（1 杯分）

甘酒…100㎖

オレンジ…1個（正味80g）

作り方

1 オレンジは包丁で白いわたの部分まで外皮をむき、くし形に切る。房が合わさる中心部分は硬いので切り落とし、横半分に切って種を取り除く。

2 甘酒、1の順に加えてミキサーでなめらかになるまで撹拌する。

3 グラスに注ぎ、あればオレンジ（分量外）を飾る。

イチゴヨーグルトスムージー

材料（1 杯分）

甘酒…100㎖

イチゴ…80g

プレーンヨーグルト…50g

作り方

1 イチゴはへたを取って半分に切る。

2 甘酒、1、ヨーグルトの順に加え、ミキサーでなめらかになるまで撹拌する。

3 グラスに注ぎ、あればイチゴ（分量外）を飾る。

ブルーベリースムージー

材料（1杯分）

甘酒…100㎖
ブルーベリー（冷凍でも可）…80g
水…大さじ2
レモン果汁…小さじ1/2
あればレモンバーム…適量

作り方

1 甘酒、ブルーベリー、レモン果汁、水の順に加えて、ミキサーでなめらかになるまで撹拌する。
2 グラスに注ぎ、あればレモンバームをあしらう。

パイナップルスムージー

材料（1杯分）

甘酒…100㎖
カットパイン…100g
水…大さじ2
あればペパーミント…適量

作り方

1 カットパインはひと口大に切る。
2 甘酒、1、水の順に加えてミキサーでなめらかになるまで撹拌する。
3 グラスに注ぎ、あればペパーミントを飾る。

温冷自在のポタージュ

ポタージュはミキサーで手軽につくれます。温かくしても冷たくしても、おいしくいただけます。

甘酒コーンクリームスープ

材料（2人分）

甘酒…大さじ4

玉ねぎ…1/3個（50g）

クリームコーン缶

（紙パック入り、パウチも可）…150g

牛乳または豆乳…100mℓ

バターまたは植物油…小さじ2

A | コンソメ顆粒…小さじ1/2

　 | 塩・こしょう…各少々

細ねぎ・こしょう…各少々

作り方

1. 玉ねぎはみじん切りにする。
2. 鍋にバターまたは油を熱して1を炒め、しんなりしたら、クリームコーン、牛乳または豆乳、A、甘酒を加えて、混ぜながらひと煮たちさせる。
3. 混ぜながら弱火で1分ほど煮て、器に盛り小口切りの細ねぎを散らし、こしょうを振る。

レシピのポイント

すべての材料を混ぜて、ひと煮たちさせたものをミキサーにかけると、麹の粒がなくなり、なめらかなポタージュになります。

甘酒トマトポタージュ

材料（２人分）

甘酒…大さじ４

玉ねぎ…1/3個（50g）

トマト…小２個（200g）

ジャガイモ…中1個（100g）

牛乳または豆乳…50㎖

オリーブ油…小さじ１

A
白ワイン…大さじ１
コンソメ顆粒…小さじ1/2
塩・こしょう…各少々

プレーンヨーグルト・バジル…各少々

レシピのポイント

冷たくしていただく場合は、作り方の**3**まで調理して冷たい牛乳または豆乳を加え、鍋底を氷水にあてて混ぜるか、冷蔵庫で冷やします。

作り方

1. 玉ねぎは薄切りにし、トマトはへたをとって皮ごとざく切りにする。ジャガイモは１㎝幅の半月切りにする。
2. 鍋にオリーブ油を熱して玉ねぎを炒め、しんなりしたらトマトとジャガイモを加えてざっと混ぜ、**A**を振り入れる。フタをし、弱火で蒸し煮にする。途中２回ほど鍋底から混ぜ、ジャガイモが柔らかくなるまで10分ほど火を通す。
3. ミキサーまたはフードプロセッサーに**2**、甘酒を入れてなめらかになるまで撹拌し、鍋に戻す。
4. 牛乳または豆乳を加えてなめらかに溶きのばし、へらで混ぜながら弱火で温める。
5. 器に盛り、ヨーグルトとバジルをトッピングする。

甘酒ポテトポタージュ

材料（２人分）

甘酒…大さじ４

玉ねぎ…1/3個（50g）

ジャガイモ…中２個（200g）

バターまたはオリーブ油…小さじ２

A
- 白ワイン・水…各大さじ２
- コンソメ顆粒…小さじ1/2
- 塩・こしょう…各少々

牛乳または豆乳…100㎖

あればチャービル…少々

作り方

1 玉ねぎは薄切りにし、ジャガイモは１㎝幅の半月切りにする。

2 鍋にバターまたはオリーブ油を熱して玉ねぎを炒め、しんなりしたらジャガイモを加えてざっと混ぜる。**A**を振り入れてフタをし、弱火で蒸し煮にする。途中２回ほど鍋底から混ぜ、ジャガイモが柔らかくなるまで10分ほど火を通す。

3 ミキサーまたはフードプロセッサーに**2**、甘酒を入れてなめらかになるまで撹拌し、鍋に戻す。

4 牛乳または豆乳を加えてなめらかに溶きのばし、混ぜながら温める。

5 器に盛り、こしょう（分量外）を振り、あればチャービルをトッピングする。

豆腐と甘酒の和風ポタージュ

材料（２人分）

甘酒…大さじ４

玉ねぎ…1/3個（50g）

長いも…100g

木綿豆腐…200g

植物油…小さじ２

A だし汁…100㎖
味噌…小さじ１
塩・こしょう…各少々

B 練りがらし・薄口しょうゆ…各小さじ1/2

作り方

1. 玉ねぎは薄切りにし、長いもは皮をむき、２㎝幅のイチョウ切りにする。
2. 鍋に油を熱して玉ねぎを炒め、しんなりしたら長いもを加え、豆腐を崩しながら入れる。ざっと混ぜてから、**A**を加えてさらに混ぜ、フタをして弱火で蒸し煮にする。途中２回ほど鍋底から混ぜ、長いもが柔らかくなるまで５分ほど火を通す。
3. ミキサーまたはフードプロセッサーに**2**、甘酒を入れてなめらかになるまで撹拌する。
4. そのまま冷やすか、または温めて器に盛り、**B**をなめらかになるまで混ぜてトッピングする。

かぼちゃと甘酒のポタージュ

材料（2人分）

甘酒…大さじ4

玉ねぎ…1/3個（50g）

かぼちゃ…200g

バターまたは植物油…小さじ2

A 白ワイン・水…各大さじ2
コンソメ顆粒…小さじ1/2
塩・こしょう…各少々

牛乳または豆乳…100㎖

あればナツメグ…適量

好みでトッピング用バター…少々

レシピのポイント

冷たくてもおいしくいただけますが、その場合はバターをトッピングしません。

作り方

1. 玉ねぎは薄切りにし、かぼちゃは傷のある部分だけ皮をそぎ落とし、皮ごと1㎝幅に切る。
2. 鍋にバターまたは油を熱して玉ねぎを炒め、しんなりしたらかぼちゃを加えてざっと混ぜる。**A**を振り入れてフタをし、弱火で蒸し煮にする。途中2回ほど鍋底から混ぜ、かぼちゃが柔らかくなるまで10分ほど火を通す。
3. ミキサーまたはフードプロセッサーに**2**、甘酒を入れてなめらかになるまで撹拌する。
4. 鍋に**3**を戻し、牛乳または豆乳を加えてなめらかになるまで溶きのばし、温める。
5. 器に盛り、あればナツメグを振り、好みでバターをトッピングする。

アボカドと甘酒のポタージュ

材料（2人分）

甘酒…大さじ4

玉ねぎ…1/3個（50g）

アボカド…小1個（100g）

オリーブ油…小さじ2

A 白ワインまたは水…大さじ1
コンソメ顆粒…小さじ1/2
塩・こしょう…各少々

牛乳または豆乳…150mℓ

あればチリパウダー・イタリアンパセリ…各少々

作り方

1 玉ねぎは薄切りにし、アボカドは皮をむいて種をのぞき、ひと口大に切る。

2 鍋にオリーブ油を熱して玉ねぎを炒め、しんなりしたらアボカドを加えてざっと混ぜる。**A**を振り入れてフタをし、弱火で蒸し煮にする。途中1回、鍋底から混ぜ、玉ねぎの甘みが出るまで3分ほど火を通す。

3 ミキサーまたはフードプロセッサーに**2**、甘酒を入れてなめらかになるまで撹拌する。

4 鍋に戻し、牛乳または豆乳を加えてなめらかになるまで溶きのばす。

5 器に盛り、あればチリパウダーを振り、イタリアンパセリをトッピングする。

甘酒を使った具だくさんのスープです。これらのスープにパンかおにぎりをプラスすると、バランスのよい一食になります。

甘酒キムチチゲ

材料（２人分）

甘酒…大さじ４～５

白菜キムチ…100g

豚バラ薄切り肉…150g

ねぎ…1/4本

ニラ…1/4把（25ｇ）

いりこまたはかつおのだし汁…350mℓ

木綿豆腐…1/2丁（150g）

ひきわり納豆…1パック（50g）

ごま油…小さじ２

しょうゆ…少々

作り方

1 キムチはざく切りにし、豚肉はひと口大に切る。ねぎは斜め切りにし、ニラは小口切りにする。

2 鍋にごま油を熱して豚肉を炒める。色が変わったらねぎ、キムチを加えてざっと炒め、だし汁を注いで、２分ほど煮る。

3 木綿豆腐をスプーンですくって加え、甘酒も加える。味をみて、しょうゆ少々で調える。

4 器に盛り、熱々のうちにひきわり納豆を加え、ニラを散らし、混ぜながらいただく。

甘酒チキントマトスープ

材料(2人分)

甘酒…大さじ4〜5
鶏もも肉…200g
玉ねぎ…1/2個(75g)
にんにく…1かけ
ピーマン…1個
オリーブ油…小さじ2
A　トマトジュース…200mℓ
　水…100mℓ
　コンソメ顆粒…小さじ1/2
　塩・こしょう…各少々
　あれば白ワイン…大さじ1
あればドライバジル・粉チーズ…各少々

作り方

1 鶏肉は大きめのひと口大に切って軽く塩・こしょう（分量外）を振る。
2 玉ねぎは1㎝角、にんにくはみじん切り、ピーマンは1.5㎝角に刻む。
3 鍋にオリーブ油を熱して玉ねぎとにんにくを炒め、しんなりしたら鶏肉を加えて表面を焼きつける。
4 Aを注ぎ、甘酒を入れ、煮たったら弱めの中火にして6分ほど煮る。
5 ピーマンを加えてひと煮し、器に盛り、あればバジル、粉チーズを振る。

甘酒サンラータン

材料（２人分）

甘酒…大さじ４

ねぎ…1/3本

トマト…小２個（250g）

卵…２個

ごま油・酢…各小さじ２

水…350mℓ

A
- 鶏がらスープの素…小さじ２
- おろししょうが…小さじ1/4
- 酒…大さじ１
- しょうゆ・塩・こしょう…各少々

ラー油…適量

好みで黒こしょう…適量

作り方

1. ねぎは斜め切りにし、トマトはへたをとってくし形に切る。卵は割りほぐす。
2. 鍋にごま油を熱してねぎを炒め、しんなりしたらトマトを加えてざっと炒め、水と**A**を加える。煮たったら弱めの中火で１分煮る。
3. 甘酒を加え、卵をまわし入れ、ふわっと火が通るまで 15 秒ほど煮る。
4. 器に酢を入れ、上から熱々の**3**を注ぐ。ラー油と好みで黒こしょうを加え、混ぜていただく。

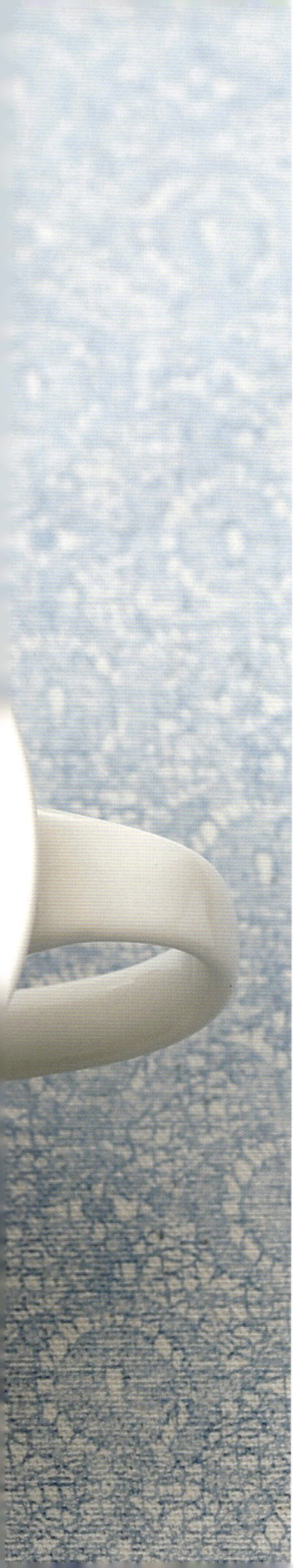

甘酒キーマ風ひき肉カレースープ

材料（2人分）

甘酒…大さじ4～5
玉ねぎ…1/3個（50g）
にんじん…1/4本（40g）
にんにく…1かけ
合いびき肉…150g
カレー粉…大さじ1
冷凍グリンピース…1/2カップ
水…350mℓ
A｜トマトケチャップ…大さじ1
　｜コンソメ顆粒・塩…各小さじ1/2
植物油…小さじ2
あればガラムマサラ…適量

作り方

1 玉ねぎ、にんにくはみじん切り、にんじんは5㎜角に切る。
2 鍋に油を熱して1を炒め、しんなりしたらひき肉を加えてぽろぽろになるまで炒める。
3 カレー粉を振り入れて全体になじませ、水とAを加える。煮たったら弱めの中火にし、5分ほど煮る。
4 甘酒とグリンピースを加えてひと煮する。器に盛り、あればガラムマサラを振る。

具だくさん甘酒味噌汁

材料（２人分）

甘酒…大さじ4

大根…100g

にんじん…1/5本（30g）

小松菜…80g

ねぎ…1/4本

ごま油…小さじ２

豚こま切れ肉…100g

だし汁…350mℓ

味噌…大さじ１と1/3

好みで七味唐がらし…適量

作り方

1 大根、にんじんはいちょう切りにし、小松菜はざく切り、ねぎは小口切りにする。

2 鍋にごま油を熱して豚肉を炒め、色が変わったら大根、にんじんを加えて炒め合わせ、だし汁を注ぐ。煮たったら弱めの中火にして５分ほど煮る。

3 味噌を溶き入れ、甘酒を加え、小松菜、ねぎを加えてしんなりするまで煮る。

4 器に盛り、好みで七味唐がらしを振る。

Part3

ヘルシーで簡単！
甘酒のスイーツ

甘酒でつくったスイーツは、わざわざ砂糖を使わなくてもほんのり甘みが出るため、ヘルシーです。カロリーの割に満足感も高く、スイーツなのに罪悪感もありません。子どもやお年寄りも食べやすい、大人気のメニューを集めました。

スイーツドリンク

甘酒の甘さを生かした、ヘルシーなスイーツドリンクを楽しみませんか？
ほっとしたいときにぴったりの飲み物を紹介します。

甘酒チョコレートドリンク

材料（1杯分）

甘酒…100mℓ
板チョコレート
(ビタータイプがおすすめ)…50g
牛乳…100mℓ
あればホイップクリーム…少々

作り方

1 板チョコは細かく割り、耐熱容器に入れる。牛乳を加え、ラップをかけずに電子レンジ(600W)に1分30秒かける。
2 取り出してブレンダーか泡だて器で混ぜながら溶かし、甘酒を加えて混ぜる。
3 好みで冷やし（温めてもＯＫ）、あればホイップクリームをトッピングする。

甘酒バナナミルク

材料（1杯分）

甘酒…100mℓ
バナナ…1本(正味80g)
牛乳…50mℓ
好みでシナモンパウダー…少々

作り方

1 バナナ1本は皮をむき、トッピング用に少し取り分けて輪切りにする。それ以外はひと口大にちぎる。
2 ミキサーに甘酒、バナナ、牛乳の順に加え、なめらかになるまで撹拌する。
3 グラスに注ぎ、輪切りのバナナをトッピングする。好みでシナモンパウダーを振る。

ベトナム珈琲風甘酒ドリンク

材料（1杯分）

甘酒…100mℓ

インスタントコーヒー…大さじ1/2

熱湯…大さじ2

牛乳…100mℓ

作り方

1 小さめのボウルにインスタントコーヒーを入れて熱湯を注いで溶きのばす。

2 ミキサーに甘酒、1、牛乳を入れてなめらかになるまで撹拌する。

3 鍋で温め、器に注ぐ。

アレンジ！

ベトナム珈琲とは、練乳を入れた甘くてコクのあるコーヒーです。練乳の代わりに甘酒を使い、ベトナム珈琲風のドリンクにしました。冷蔵庫で冷やしてもおいしくいただけます。

スパイス甘酒チャイ

材料（1杯分）

甘酒…100mℓ

紅茶のティーバッグ…1個

熱湯…大さじ1

牛乳…150mℓ

好みのスパイス…少々

作り方

1 鍋に紅茶のティーバッグの中身を出し、熱湯を振り、30秒ほど置く。

2 茶葉が開いたら牛乳を注ぎ、好みのスパイス（おすすめはシナモン・クローブ・カルダモンなど）を加えて中火にかけ、煮たったら弱火にして3分ほど煮だす。

3 器に茶こしでこし入れ、甘酒を加えて混ぜる。好みのスパイスを振る。

ぜんざい風
甘酒ドリンク

材料（1杯分）

甘酒…50㎖

A | 白玉粉…10g
  | 水…小さじ2弱

市販の煮小豆…50g

水…50㎖

作り方

1 Aを合わせ、なめらかになるまで練る。小さな球状に丸め、熱湯でゆでる。浮いてきてからさらに1分ゆで、水を張ったボウルなどに取り出す。

2 煮小豆は鍋に入れて水を加えて弱火で温める。

3 2を器に移し、甘酒をかけ（ミキサーでペースト状にしたものがおすすめ）、1を添える。

ごま汁粉風甘酒ドリンク

材料（1杯分）

甘酒…150㎖

黒練りごま…30g

牛乳…50㎖

塩…少々

あれば松の実…少々

作り方

1 黒練りごまに牛乳を少しずつ加え、なめらかになるまでのばし、甘酒、塩を加えて温める（好みで冷たいままでもよい）。

2 器に盛り、あれば松の実を浮かべる。

甘酒フルーツ
ヨーグルトシェイク

材料（１杯分）

甘酒…100mℓ

フルーツミックス缶…70g

フルーツミックス缶のシロップ
…30g

プレーンヨーグルト…50g

あればトッピング用のフルーツ缶
…適宜

作り方

1 材料すべてをミキサーでなめらかになるまで攪拌する。

2 グラスに注ぎ、あればフルーツをトッピングする。

甘酒ピーチネクター

材料（１杯分）

甘酒…100mℓ

白桃缶…100g

作り方

1 白桃はざく切りにする。

2 ミキサーに甘酒を入れ、1を加えてなめらかになるまで攪拌し、グラスに注ぐ。

甘酒おやつ

砂糖の代わりに甘酒を使うと、自然な甘さのおやつができます。
麹のつぶつぶが苦手な人はペーストにして使いましょう。

甘酒ジャム

材料（作りやすい分量）

甘酒…200g
塩…少々

作り方

1 甘酒を鍋に入れて弱めの中火にかけ、絶えず混ぜながら、半量程度になるまで煮詰め、塩を加える。
2 熱々のうちに清潔な小瓶に詰め、すぐにフタをして冷蔵庫で保存する。保存期間は10日。

アレンジ！

甘酒ジャムはヨーグルトにかけたり、パンに塗ってどうぞ。

豆乳と甘酒のあいすくりん

材料（作りやすい分量）

甘酒…200g
豆乳…100㎖
はちみつ…10g
塩…少々

作り方

1 材料すべてをミキサーに入れて、なめらかになるまで攪拌する。
2 好みの型に流し入れて冷凍庫で３時間以上しっかり凍らせる。
3 型をさっと水にくぐらせて、あいすくりんを取り出し、器に盛りつける。

甘酒ミルクアイスクリーム

材料（作りやすい分量）

甘酒…200g
卵黄…１個分
牛乳…100mℓ
黒砂糖…10g
あればバニラエッセンス…適量
あればウエハース…適量

作り方

1 卵黄をボウルに入れてほぐす。牛乳を小鍋で煮たて、熱々を卵黄に加えて手早く混ぜ、余熱で火を通して、とろりとさせる。
2 黒砂糖を加えて溶かし、続いて甘酒、あればバニラエッセンスを加える。ミキサーでなめらかになるまで撹拌し、ボウルなどに流し入れて冷凍庫で凍らせる。ミキサーがない場合は甘酒を袋に入れてその上から揉むように細かくつぶしてからそのまま凍らせる。
3 ２時間ほどして半分ぐらい固まったらフォークでかき混ぜ、再び２時間、冷凍庫で固める。
4 再度フォークでふんわりとかき混ぜ、もう一度固める。
5 ディッシャーなどですくって器に盛り、あればウエハースを添える。

甘酒プリン

材料（プリン型３個分）

甘酒…100g
牛乳…100mℓ
卵…１個
メープルシロップ…少々

作り方

1. 卵をほぐして牛乳を加え、さらに甘酒を加えてから、プリン型に流す（甘酒はミキサーでつぶしたものを使うとなめらかに仕上がる）。
2. 鍋にキッチンペーパーを敷き、1を並べる。プリン型の半分程度の深さまで水を注ぎ、弱めの中火にかける。煮立ったらフタをして弱火にし、８分蒸し、火を止めてそのまま10分蒸らす。
3. 好みの量のメープルシロップをかける。熱々でも、冷やしても、お好みで。

甘酒チョコレートムース

材料（４個分）
甘酒…100g
板ゼラチン…１.５g×３枚
板チョコレート…100g
牛乳…100mℓ
水…適量
あればラム酒…大さじ１
生クリーム…50g

作り方
1 板ゼラチンは水に浸してしんなりするまで戻し、水気をしぼる。
2 板チョコは飾り用にスプーンで少し削って取り分ける。残りの板チョコは細かく割り、牛乳、甘酒と耐熱ボウルに入れる。ラップをかけずに電子レンジで２分ほど加熱してチョコレートを溶かし、泡だて器で混ぜる。甘酒はミキサーで粒をつぶしたものを使うとなめらかに仕上がる。
3 **2**に**1**と、あればラム酒を加えて余熱でしっかり溶かす。
4 **3**の粗熱が取れたら、もったりと泡だてた生クリームを加えて混ぜ、器に流し入れ冷蔵庫で冷やし固める。
5 固まったら飾り用に取り分けておいたチョコをトッピングする。

甘酒の日本茶ババロア

材料（４個分）
甘酒…150g
板ゼラチン…１.５g×２枚
牛乳…100mℓ
砂糖…10g
水…適量
粉茶…小さじ２（６g）
塩…少々
好みでホイップクリーム…少々
飾り用抹茶…少々

作り方
1 板ゼラチンは水に浸してしんなりするまで戻し、軽く水気をしぼる。
2 牛乳、甘酒、砂糖を小鍋に入れて弱めの中火にかけ、温める。甘酒はミキサーで粒をつぶしたものを使うとなめらかな仕上がりになる。
3 火を止めて粉茶、塩を加えてなめらかになるまで混ぜ、**1**を加えて余熱で溶かす。
4 器に流して冷蔵庫で冷やし固める。
5 好みでホイップクリームをトッピングし、飾り用の抹茶をかける。

甘酒牛乳寒

材料（400mℓの容器または卵豆腐の型１個分）

甘酒…150g
粉寒天…２g
牛乳…100mℓ
水…100mℓ
あればクコの実…小さじ２

作り方

1 小鍋に水を入れ粉寒天を振り入れて溶かし、弱火にかける。絶えず混ぜながら１分ほど煮たて、完全に煮溶かす。
2 牛乳、甘酒を加えて混ぜながらもう一度煮たてる。
3 火を止めて、あればクコの実を散らし、ざっと混ぜて型に流す。室温でも固まるが、軽く冷蔵庫で冷やし、切り分ける。

甘酒パンケーキ

材料(直径約６㎝のもの10枚分)

甘酒…100g
卵…１個
牛乳…大さじ３
黒すりごま…大さじ２
A　薄力粉…100g
　　ベーキングパウダー…５g
好みの植物油…少々
好みではちみつ…適量

作り方

1 ボウルに卵を溶きほぐし、牛乳、甘酒、黒すりごまを加えて混ぜる。Aをふるい入れ、粉っぽさがなくなるまで混ぜる。
2 フライパンを熱して薄く植物油をなじませ、1をカレースプーン１杯分ずつ流して弱火で焼く。底面に焼き色がついたら裏返し、ふっくらと焼き上げる。
3 皿に盛り、好みではちみつをかける。

レシピのポイント

焼き色がつきやすいので弱火で焼きましょう。フタをしてゆっくり焼くと、ふんわりした食感に仕上がります。

バナナ甘酒マフィン

材料（6個分）

甘酒…100g

バナナ…100g

レモン果汁…小さじ1

クルミ…40g

卵…2個

植物油…50g

A | 薄力粉…150g
　 | ベーキングパウダー…5g

黒砂糖・塩…各少々

作り方

1 バナナは1㎝角に切ってレモン果汁をまぶす。クルミも5㎜角に刻む。

2 卵を溶きほぐして甘酒と植物油を加え、乳化するまで混ぜる。

3 **A**をふるい入れ、塩を加え、粉っぽさがなくなるまで混ぜてから、**1**の2/3量を加える。

4 マフィン型にペーパーカップを入れ、7分目を目安に**3**を流し入れ、残った**1**をトッピングする。黒砂糖をひとつまみずつ振りかけ、180℃に予熱したオーブンに入れ、25分ほど焼く。

アレンジ！

甘みの少ない、食事にぴったりのマフィンです。甘いおやつに仕上げたい場合は、甘酒と一緒に黒砂糖30gを加えてください。

きな粉と甘酒の蒸しパン

材料（6個分）

甘酒…100g

卵…1個

豆乳…30g

植物油…20g

A
- きな粉…20g
- 薄力粉…80g
- 塩…少々
- ベーキングパウダー…5g

ドライブルーベリー…大さじ2

作り方

1 ボウルに卵を溶きほぐして甘酒、豆乳、植物油を加えて乳化するまで混ぜる。

2 Aをふるい入れ、粉っぽさがなくなるまで混ぜる。

3 湯飲みなどにペーパーカップを入れ、2を入れ、ブルーベリーを散らす。

4 蒸気のたった蒸し器に入れ、強火で10分蒸す。

アレンジ！

豆乳ときな粉でヘルシーに仕上げた蒸しパンです。ドライブルーベリーの代わりにレーズンなどのドライフルーツを使ってもおいしくできます。

Part 4

1工程プラスで簡単！

甘酒で定番料理をおいしく

麹甘酒を加えて混ぜたり、素材を漬け置いたり。麹甘酒を使った1工程をプラスするだけで、定番料理がぐっとレベルＵＰ！　煮物も、驚くほど口当たりが柔らかくなります。さっそく今日から取り入れてみませんか？

作り置き調味料

甘酒をプラスしてつくった調味料は、冷蔵庫で保存できます。
サラダをはじめ、さっぱりした料理にさっとかけるだけで、コクが増します。

甘酒ヨーグルトドレッシング

材料(作りやすい分量)

甘酒…大さじ4

プレーンヨーグルト…大さじ2

酢・オリーブ油…各大さじ1

塩…小さじ1/3

こしょう…少々

作り方

材料をすべてなめらかになるまで混ぜ合わせる。

＊冷蔵庫で1週間保存できます。

＊普通のドレッシング同様、温野菜サラダ、生野菜サラダなどにどうぞ。

甘酒フレンチドレッシング

材料(作りやすい分量)

甘酒…大さじ4

酢・水…各大さじ2

オリーブ油…大さじ3

塩…小さじ1/2

こしょう・練りがらし…各少々

作り方

材料をすべてなめらかになるまで混ぜ合わせる。

＊冷蔵庫で2週間保存できます。

＊普通のドレッシング同様、温野菜サラダ、生野菜サラダなどにどうぞ。

甘酒酢

材料(作りやすい分量)

甘酒…大さじ4

酢…大さじ1と1/2

だし汁または水…大さじ1と1/2

塩…小さじ1/4

作り方

甘酒はミキサーなどで粒をつぶしたものを使うのがおすすめ。材料をすべてなめらかになるまで混ぜ合わせる。

＊冷蔵庫で2週間保存できます。

＊酢の物や和風サラダ、ちらし寿司など、甘酢と同様に使えます。

甘酒ヨーグルトドレッシングの

ざく切りレタスのグリーンサラダ

材料（２人分）
レタス…1/4玉
ベビーリーフ…１袋(50g)
赤ピーマン…少々
甘酒ヨーグルトドレッシング
(P.70 参照) …適量

作り方

1 レタスは軸をつけたまま半分にくし形に切り、ベビーリーフと盛り合わせる。
2 薄切りにした赤ピーマンを散らし、甘酒ヨーグルトドレッシングをたっぷりとかける。

ヨーグルトテイストで
さっぱりいただく

甘酒ごまマヨネーズ

材料（作りやすい分量）

甘酒…大さじ４

黒すりごま…大さじ２

マヨネーズ…大さじ３

薄口しょうゆ…大さじ１

作り方

材料をすべてなめらかになるまで混ぜ合わせる。

＊冷蔵庫で５日保存できます。

＊普通のドレッシング同様、温野菜サラダ、生野菜サラダなどにもどうぞ。

甘酒タルタルソース

材料（作りやすい分量）

甘酒…大さじ3

玉ねぎ…20g

ゆで卵…１個

マヨネーズ…大さじ３

粒マスタード…小さじ１

塩…小さじ1/3

作り方

1　玉ねぎはみじん切りにして水の中で揉み、ぎゅっとしぼる。ゆで卵は粗みじん切りにする。

2　**1**と残りの材料を合わせ、なめらかになるまで混ぜ合わせる。

＊冷蔵庫で３日保存できます。

＊温野菜にかけたり、フライのソース、サンドイッチの具にしてもおいしくいただけます。

甘酒ねぎだれ

材料（作りやすい分量）

甘酒…大さじ４

ねぎ…1/2本（50g）

おろしにんにく…小さじ1/2

塩…小さじ１

ごま油…大さじ１と1/2

作り方

ねぎはみじん切りにし、残りの材料すべてと混ぜ合わせる。

＊冷蔵庫で１週間保存できます。

＊ゆで野菜、生野菜、海藻などの和え衣に、また、蒸し鶏やゆで豚のたれ、焼き油揚げや厚揚げにかけてもおいしくいただけます。

ごまの風味が鶏肉に
コクを出す

甘酒ごまマヨネーズの

蒸し鶏

材料（２人分）

鶏胸肉…１枚（300g）
しょうがの薄切り…１枚
ねぎの青い部分…１本分
A｜塩…少々
｜酒…大さじ１
香菜…適量
プチトマト…適量
甘酒ごまマヨネーズ（P.72参照）…適量

作り方

1 鶏胸肉は皮を取り、繊維に沿って３等分にし、それぞれ厚みに包丁を入れて開く。
2 耐熱皿に重ならないように広げ、しょうがとねぎをのせ、**A**を全体に振りかける。ラップをして電子レンジ（600W）で４分加熱し、そのまま冷めるまで置く。細く裂いて皿に盛り、香菜、切れ目を入れたプチトマトを添え、甘酒ごまマヨネーズをたっぷりかける。

甘酒酢味噌

材料（作りやすい分量）

甘酒…大さじ4

酢…大さじ1

西京味噌…大さじ3

練りがらし…小さじ1/2

作り方

甘酒は粒をすりつぶしたものを使うのがおすすめ。材料をすべてなめらかになるまで混ぜる。

＊冷蔵庫で２週間保存できます。

＊ぬたや酢味噌和えなど、普通の酢味噌同様に使えます。

甘酒ピリ辛味噌

材料（作りやすい分量）

甘酒…大さじ4

おろししょうが…小さじ１

味噌…大さじ３

七味唐がらし…少々

作り方

材料をすべてなめらかになるまで混ぜ合わせる。

＊冷蔵庫で１週間保存できます。

＊そのままなめ味噌として、また鶏や厚揚げ、魚などの焼き物に、生野菜のディップとしてもおいしくいただけます。

甘酒しょうゆ

材料（作りやすい分量）

甘酒…大さじ4

しょうゆ…大さじ２

作り方

甘酒はミキサーなどで粒をつぶしたものを使うのがおすすめ。材料をすべてなめらかになるまで混ぜ合わせる。

＊冷蔵庫で１週間保存できます。

＊おだやかな甘じょっぱさなので、さまざまな料理のかけだれ、調味にどうぞ。豆腐、ゆで野菜、焼き野菜、焼き魚などあっさりした料理をおいしくしてくれます。

甘酒酢味噌の

ニラと焼き油揚げの酢味噌和え

材料（２人分）
ニラ…1/2把（50g）
油揚げ…１枚
甘酒酢味噌（P.74参照）…適量

作り方

1 ニラはさっとゆで、１本ずつ根元から４㎝長さに３回ほど折りまげ、残りをぐるぐると巻きつけて糸巻きのような形にする。
2 油揚げはさっとあぶり、食べやすい大きさに切る。
3 1、2を盛り合わせ、甘酒酢味噌をかける。

ほどよい酸味が
食欲をそそる

甘酒は砂糖の代わりとして料理に使うことができます。うまみもプラスされ、いつもの料理をおいしくします。

甘酒入りツナのオープンオムレツ

材料（２人分）

甘酒…大さじ４

玉ねぎ…1/3個（50g）

ひらたけ…50g

卵…３個

ツナ缶…大１缶

パセリのみじん切り…大さじ２

A 粉チーズ…大さじ２
塩・こしょう…各少々

オリーブ油または植物油…適量

作り方

1 玉ねぎはみじん切り、ひらたけは石づきをのぞき粗いみじん切りにする。フライパンに油適量を熱し、しんなりするまで炒める。

2 卵を溶きほぐし、**1**、甘酒、ツナ、パセリ、**A**を混ぜる。

3 フライパンに油適量を熱して**2**を流し入れ、大きく混ぜながら半熟のスクランブルエッグ状になるまで火を通し、形を丸く整える。

4 底面に焼き色がついたら皿やまな板などにスライドさせて取り出し、フライパンをかぶせてひっくり返す。

5 裏面もしっかりと焼き、食べやすく切る。

ほうれん草の甘酒ごま和え

材料（2人分）

甘酒…大さじ2
黒ごままたは
黒すりごま…大さじ1と1/2
しょうゆ…大さじ1/2
ほうれん草…200g
塩…適量

アレンジ！

ほうれん草だけでなく、小松菜、チンゲン菜、春菊などでもおいしくいただけます。好みの青菜でどうぞ。

作り方

1 黒ごまはすり鉢で軽くすり（すりごまなら、そのまま入れ）、甘酒を加えてすり混ぜ、しょうゆでのばす。
2 ほうれん草は塩を加えた熱湯でゆで、水にとってしぼる。しょうゆ（分量外）をまわしかけてさらにしぼり、食べやすい長さに切り、再度軽くしぼる。
3 2を1で和える。

トマトの甘酒チーズ焼き

材料（２人分）

甘酒　大さじ４

玉ねぎ…1/3個（30g）

トマト…２個

細切りピザチーズ…30g

あればバジル・松の実…各少々

オリーブ油・塩・こしょう…各少々

作り方

1 玉ねぎは薄切りにし、トマトはへたをとって横半分に切る。

2 オーブントースターの天板にアルミ箔を敷き、トマトの切り口を上にして並べる。

3 トマトに塩・こしょうを軽く振り、玉ねぎ、甘酒の順にのせ、さらにチーズをふんわりのせ、松の実を散らす。

4 オーブントースターの強（800W 程度）、または 200℃のオーブンで 12 分ほど焼く。

5 チーズが溶けたら取り出し、オリーブ油・塩・こしょうを振り、あればバジルを添える。

かぼちゃのサラダ

材料（２人分）

A
- **甘酒…大さじ３**
- マヨネーズ…大さじ２
- 塩…小さじ1/3
- こしょう…少々

かぼちゃ…250g
玉ねぎ…1/3個（50g）
ホールコーン…50g
黒こしょう…少々

作り方

1 かぼちゃは２㎝角に切って耐熱皿に並べ、ラップをして電子レンジ（600W）に３分30秒ほどかけて柔らかくし、冷ます。

2 玉ねぎはみじん切りにして水にさらし、水気をきってぎゅっとしぼる。

3 ボウルに A を入れて混ぜ、1、2、コーンを加え、フォークでかぼちゃを粗く崩しながら混ぜ、黒こしょうを振る。

長いもと納豆のサラダ

材料（2人分）

A
- 甘酒…大さじ2
- 酢…大さじ2
- 薄口しょうゆ…小さじ2
- ごま油…小さじ1

長いも…150g
塩蔵ワカメ…10g
納豆…1パック（40g）

作り方

1 長いもは皮をむいて縦に4等分にし、ポリ袋に入れて麺棒などでたたいて粗くつぶす。
2 ワカメは塩抜きして食べやすく刻む。
3 1、2と納豆を盛り合わせ、Aを混ぜ合わせてかけ、和えながらいただく。

レシピのポイント

体によいといわれる、ネバネバした食材がたっぷり食べられるサラダです。甘酒とお酢を加えることで、さっぱりと食べやすくなります。

甘酒タンドリーチキン

材料（2人分）

A
- **甘酒…大さじ3**
- カレー粉・トマトケチャップ・プレーンヨーグルト…各大さじ1
- 塩…小さじ1/2
- おろしにんにく…１かけ分

鶏もも肉…１枚（300g）

サニーレタス…適量

作り方

1. ポリ袋またはボウルに **A** を入れ、混ぜ合わせる。
2. 鶏肉は大きめのひと口大に切り、**1** をからめる。
3. アルミ箔に油（分量外）を薄く塗って **2** を並べ、袋に残った漬け汁も上からかけ、オーブントースターで 15 分ほど焼く。
4. 器に盛り、サニーレタスを添える。

レシピのポイント

オーブントースターがなければ、オーブンやフライパンでつくることもできます。オーブンの場合は 200℃で焼き色がつくまで 15 分ほど焼きます。フライパンで焼く場合は、フッ素樹脂加工のフライパンに漬け汁ごと入れて火にかけ、煮たってきたらフタをして蒸し焼きにします。３分ほど経ったらフタを取り、肉を返しながら、汁が煮詰まり、焼き色がつくまでじっくり焼き上げます。

鮭のトマトソース煮

材料（２人分）

鮭の切り身…２切れ

A | 塩・こしょう…各少々
薄力粉…適量

にんにく…１かけ

玉ねぎ…1/3個（50g）

しめじ…50g

トマト水煮缶…1/2缶（200g）

オリーブ油または植物油
…大さじ１

B | **甘酒…大さじ４**
白ワイン・水…各大さじ２
ローリエ…1枚
塩・こしょう…各少々

好みでパセリのみじん切り…少々

作り方

1 鮭は全体に **A** をまぶす。

2 にんにく、玉ねぎはみじん切りにし、しめじは石づきを切って小房に分ける。

3 フライパンに油半量を熱して **1** を両面焼きつけて取り出す（中まで火を通す必要はないので、表面をカリッと焼きつける程度）。

4 残りの油を足して **2** をしんなりするまで炒め、トマト水煮（カットタイプでないものはつぶしてから加える）、**B** を加え、煮たったら鮭を戻し入れ、ざっと混ぜてフタをして２分ほど蒸し煮にする。

5 フタを取り、焦げつかないようにフライパンをゆすりながら、ソースがとろりとするまで煮詰める。

6 器に盛り、好みでパセリを散らす。

むきえびのカレー粉揚げ

材料（2人分）

むきえび…200g

A
- 甘酒…大さじ4
- おろしにんにく…1かけ分
- 塩…小さじ1/2
- 薄口しょうゆ…小さじ1
- カレー粉…大さじ1

薄力粉…大さじ4

揚げ油…適量

あればレタス、柚子…各少々

作り方

1 むきえびは背ワタがあれば背に切り目を入れて取りのぞく。

2 ボウルにAを混ぜ、1を加えて全体になじむように混ぜる。

3 さらに薄力粉を加えて粉っぽさがなくなるまでざっくりと混ぜる。

4 揚げ油を中温に熱し、3を入れ、カリッと揚げる。

5 油をきって、あればレタス、柚子を盛りつける。

野菜の漬け方

**生食できる野菜なら、何でも漬けることができます。
食べやすい大きさに切って、漬け床をまんべんなくまぶします。**

1 野菜を食べやすい大きさに切る。

2 保存袋に漬け床の材料を入れ、麹の粒をつぶすようにしながら、よく混ぜる。

3 **2**に**1**を入れ、軽く混ぜて5分ほど置く。

4 野菜がしんなりしたら、漬け床が行き渡るように混ぜ、空気を抜きながら丸める。

5 空気を抜きながら袋の口を閉じる。

MEMO

葉野菜を漬ける場合は、軸などの硬い部分を先に入れ、そのあとに葉の部分を入れましょう。

青菜の甘酒漬け

材料（２人分）

甘酒…大さじ5

しょうゆ…大さじ１と1/2

チンゲン菜…小2株（200g）

アレンジ！

この分量で、生食できる野菜200g程度なら何でも漬けることができます。青菜、にんじん、大根、キュウリなどお好みの野菜でどうぞ。

作り方（漬け方はＰ.86参照）

1 保存袋に甘酒としょうゆを入れて、麹の粒をつぶすように揉み混ぜる。

2 チンゲン菜は食べやすく切り、茎、葉の順に **1** に加えて軽く和え、５分ほど置いてしんなりさせる。

3 全体に漬け床が行き渡るように混ぜ、空気を抜きながら袋の口を閉じる。

＊ 15分後から食べられます。冷蔵庫で５日保存できます。

なすのからし漬け

材料(作りやすい分量)

甘酒…大さじ３

しょうゆ…大さじ１

練りがらし…大さじ1/2

なす…２本(200g)

塩…小さじ1/3

アレンジ！

この分量で、生食できる野菜200g程度なら何でも漬けることができます。野菜は１％の塩で軽く塩揉みして余分な水分をのぞいてから漬けます。うり類、キャベツなどもおいしく漬けることができます。

作り方(漬け方はＰ.86参照)

1 なすはへたを切り薄切りにして塩を振り、全体にまぶして５分ほど置く。塩が溶けてなじんだら軽くしぼる。

2 保存袋に甘酒としょうゆ、練りがらしを入れて、麹の粒をつぶすように揉み混ぜる。

3 1を加え、全体に漬け床が行き渡るように混ぜ、空気を抜きながら袋の口を閉じる。

＊ 15分後から食べられます。冷蔵庫で５日保存できます。

セロリのにんにく甘酒漬け

材料（作りやすい分量）

甘酒…大さじ４

おろしにんにく…1かけ分

塩…小さじ１

酢…大さじ１

セロリ…２本（200g）

作り方（漬け方はＰ.86参照）

1 保存袋に甘酒、にんにく、塩、酢を入れて、麹の粒をつぶすように揉み混ぜる。

2 セロリは食べやすく切って**1**に加えて軽く和え、５分ほど置いてしんなりさせる。全体に漬け床が行き渡るように混ぜ、空気を抜きながら袋の口を閉じる。

＊ 15分後から食べられます。冷蔵庫で５日保存できます。

アレンジ！

この分量で、生食できる野菜200g程度なら何でも漬けることができます。盛りつけた後、ごま油少々をたらして混ぜるとナムル風の味わいに。

甘酒の漬け床に肉や魚を漬けて保存することもできます。
麹菌がタンパク質を分解し、肉や魚が柔らかくなります。

肉の漬け方

甘酒にしょうゆや味噌などを加えた漬け床に豚肉や鶏肉を漬けると、肉に下味がしみこみ、おいしくなります。

1 保存袋に漬け床の材料を入れ、麹の粒をつぶすようにしながら、よく混ぜる。

2 肉は筋切りをしておく。

3 **1**に**2**を入れ、漬け床にからめ、肉全体がまんべんなく漬け床におおわれた状態にする。

4 肉を２枚漬けるときは、肉と肉の間にも漬け床をなじませてから、空気を抜きながら形を整える。

5 空気を抜きながら袋の口を閉じる。

MEMO

肉だけでなく、魚も同じように漬け床に漬けることができます。肉も魚も、長く保存したい場合は、保存袋に入れたまま冷凍します。

豚肉の甘酒しょうゆ漬け

材料（２人分）

甘酒…大さじ４
しょうゆ…大さじ１と1/2
豚ロースソテー用肉…２枚
玉ねぎの輪切り…適量
プチトマト…適量
オリーブ油または植物油…少々

甘酒パワー

冷蔵庫で４日保存できます。漬ける時間が長くなるとタンパク質の分解が進み、肉が崩れやすくなるので、さらに長く保存したい場合は冷凍保存しましょう。その場合は、調理する日の前日に冷蔵庫へ移して自然解凍するのがおすすめです。

作り方（漬け方はＰ.90参照）

1 保存袋に甘酒としょうゆを入れて、麹の粒をつぶすように揉み混ぜる。
2 筋切りした豚肉を入れ、全体にからめるようにし、空気を抜きながら袋の口を閉じる。
3 冷蔵庫に２時間以上置く。フライパンに油をなじませ、弱めの中火で豚肉を両面焼く。
4 袋に残った漬け汁をまわしかけ、フタをして 30 秒ほど蒸し焼きにして中まで火を通し、フタを取って汁気を煮詰める。
5 フライパンの空いたところで玉ねぎをさっと焼く。
6 豚肉と玉ねぎを皿に盛り、半分に切ったプチトマトを添える。

サバの甘酒漬け焼き

材料（２人分）

甘酒…大さじ４

しょうゆ…大さじ１と1/2

サバの切り身…2切れ

ピーマン…2個

かいわれ菜…少々

作り方（漬け方はＰ.90参照）

1 保存袋に甘酒としょうゆを入れて麹の粒をつぶすように揉み混ぜ、水気をふいたサバを入れ、全体にからめるようにし、空気を抜きながら袋の口を閉じる。

2 冷蔵庫に２時間以上置く。魚焼きグリルに並べ、袋に残った漬け汁をまわしかけながらこんがり焼く。食べやすく切ったピーマンも一緒にさっと焼き、かいわれ菜と共に添える。

アレンジ！

上記の分量で、肉、魚など300g程度を漬けることができます。冷蔵庫で３日保存できます。長く保存したい場合は冷凍します。

レシピのポイント

鮭などの白身の魚のように、焼き上がりの色を美しく仕上げたい場合は薄口しょうゆを使いましょう。

鶏肉の塩甘酒漬け

材料（２人分）

甘酒…大さじ５

おろしにんにく…1かけ分

塩…小さじ１と1/2

薄口しょうゆ…小さじ１

鶏胸肉…１枚（300g強）

ひらたけ・柚子…各適量

レシピのポイント

オーブントースター以外でも、魚焼きグリルで焼いたり、フライパンで焼くこともできます。

作り方（漬け方はＰ.90参照）

1 保存袋に甘酒とにんにく、塩、薄口しょうゆを入れて、麹の粒をつぶすように揉み混ぜ、水気をふいた鶏肉を入れ、全体にからめるようにし、空気を抜きながら袋の口を閉じる。

2 冷蔵庫に４時間以上置く。鶏肉を食べやすい大きさに切り、ひらたけと共にホイルにのせ、袋に残った漬け汁を大さじ２ほどかける。ホイルで包み、天板にのせる。オーブントースターで12分ほど焼く。

3 ホイルごと皿に盛り、半分に切った柚子を添える。

漬けて煮る

甘酒の漬け床で漬けた肉や魚は、焼くだけでなく、煮物にも使えます。冷蔵または冷凍しておくと便利です。

鶏もも肉の甘酒照り煮

材料（２人分）

甘酒…大さじ４
しょうゆ…大さじ１と1/2
おろししょうが…小さじ１
鶏もも肉…１枚（300g）
れんこん…100g
生シイタケ…４枚
水…１００㎖
細ねぎ…４本

作り方（漬け方はＰ.90参照）

1 保存袋に甘酒としょうゆ、しょうがを入れて、麹の粒をつぶすように揉み混ぜる。大きめのひと口大に切った鶏もも肉を入れ、全体にからめる。空気を抜きながら袋の口を閉じる。
2 冷蔵庫に２時間以上置く。鍋に漬け汁ごと入れ、半月切りにしたれんこん、食べやすく切ったシイタケ、水を注いで、強火にかける。煮たったら中火にし、ときどき大きく混ぜながら、汁気がなくなるまで煮詰める。
3 器に盛り、小口切りにした細ねぎを散らす。

甘酒ブリ大根

材料（２人分）

甘酒…大さじ４

しょうゆ…大さじ１と1/2

ブリの切り身…２切れ

だし汁…300mℓ

大根…150g

ねぎ…1/2本

さやいんげん…４本

しょうがの薄切り…1枚

甘酒パワー

冷蔵庫で３日保存できます。漬ける時間が長くなると分解が進み、調理時に崩れやすくなります。長く保存したい場合は冷凍保存し、調理する日の前日に冷蔵庫へ移して自然解凍するのがおすすめです。

作り方（漬け方はＰ.90参照）

1. 保存袋に甘酒としょうゆを入れて、麹の粒をつぶすように揉み混ぜる。半分に切ったブリを入れ、全体にからめるようにし、空気を抜きながら袋の口を閉じる。冷蔵庫に２時間以上置く。
2. 大根は 1.5㎝の厚さのいちょう切り、ねぎはぶつ切り、いんげんは半分に切る。
3. 鍋にだし汁を煮たてて大根としょうがを入れ、中火で柔らかくなるまで 15 分ほど煮る。
4. ねぎ、いんげんを鍋に散らし入れ、ブリを漬け汁ごと加える。ブリに火が通るまで５分ほど煮る。

石澤清美（いしざわ　きよみ）

料理研究家。国際中医師・国際中医薬膳師。米国 Nutrition Therapy Institute(NTI) 認定栄養コンサルタント。ハーバルセラピスト。毎日のおかずから、お菓子、パン、保存食、薬膳の知識を生かした健康レシピなど、おいしくて作り手にもやさしいレシピが人気。季節の食材をふんだんに使った料理とパン、食養生の教室も主宰。著書に『野菜のポタージュ』（マイナビ）、『きのこレシピ』（主婦の友社）、『小さな鍋で絶品おかず』（家の光協会）などがある。

江田　証（えだ　あかし）

1971 年栃木県生まれ。医学博士。自治医科大学大学院医学研究科卒業。医療法人 社団信証会 江田クリニック院長。日本消化器内視鏡学会認定内視鏡専門医。米国消化器病学会国際会員。日本抗加齢医学会専門医。ピロリ菌感染胃粘膜において、胃がん発生に大きな影響を及ぼす CDX 2遺伝子が発現していることを世界初、米国消化器病学会で発表し、英文誌の巻頭論文としても発表。毎日 200 人近くの診療と多数の胃カメラ（胃内視鏡検査）および大腸カメラ（大腸内視鏡検査）をおこなっている。著書に『医者が患者に教えない病気の真実』（幻冬舎）、『小腸を強くすれば病気にならない』（インプレス）などがある。

装幀　石川直美（カメガイ デザイン オフィス）
料理撮影　玉井幹郎
スタイリング　梶本美代子
イラスト　湯沢知子
本文デザイン　佐野裕美子
執筆協力　安藤智恵子
編集協力　中尾貴子、佐藤友美（ヴュー企画）
編集　鈴木恵美（幻冬舎）

知識ゼロからの甘酒入門

2018 年 7 月 25 日　第 1 刷発行

著　者　石澤清美
医学監修　江田 証
発行人　見城 徹
編集人　福島広司

発行所　株式会社 幻冬舎
〒 151-0051　東京都渋谷区千駄ヶ谷 4-9-7
電話　03-5411-6211（編集）　03-5411-6222（営業）
振替　00120-8-767643
印刷・製本所　近代美術株式会社

検印廃止

ISBN978-4-344-90333-3 C2077
Printed in Japan
幻冬舎ホームページアドレス　http://www.gentosha.co.jp/
この本に関するご意見・ご感想をメールでお寄せいただく場合は、comment@gentosha.co.jp まで。